Le guide des écoles hôtelières & hospitality management

Direction éditoriale : Stéphane Chabenat
Éditrice : Coralie Delvigne
Mise en pages : Nord Compo
Conception graphique de la couverture : 2Li

l'Etudiant ÉDITIONS
sont éditées par les éditions de **l'Opportun**
16, rue Dupetit-Thouars
75003 Paris
www.editionsopportun.com

Le guide des écoles hôtelières & hospitality management

THIBAULT DUMAS

l'Etudiant
ÉDITIONS

Sommaire

Avant-propos

Costume cintré sur le dos, couteau et fourchette en mains, Mathias, 19 ans, amorce la découpe minutieuse d'un poulet tout juste doré au four. Face à deux clients plutôt décontractés, sa main tremble, « c'est toujours comme ça quand je stresse, je suis habitué ». Sur sa veste, une étiquette avec inscrit « C5 ». Dans un coin du grand restaurant d'application un peu années 1980, le regard acéré de son examinateur, carnet de notes collé à la poitrine. Nous sommes dans un lycée hôtelier de l'Ouest de la France et Mathias passe une épreuve de son baccalauréat professionnel, comme les dizaines de serveurs en service autour de lui.

À un peu plus de 600 kilomètres de là, Angelica, 23 ans, s'affiche tout sourire. Dans le sous-sol d'une bâtisse centenaire qui surplombe le lac Léman, elle débute avec sa classe une première semaine de formation en cuisine. La tunique et la coiffe éclatent d'un blanc aussi profond que le vert de la coriandre ciselée sur un plan de travail brillant de propreté. « Je n'ai jamais mis les pieds dans une cuisine, c'est tout nouveau, je connais rien du tout ! » confie la jeune femme en riant, tout en louant la patience (temporaire) de son professeur du jour, dans une chic école privée.

Quoi de commun entre Mathias et Angelica ? Rien et tout à la fois. Deux établissements antagoniques mais deux apprentissages d'excellence de l'hôtellerie-restauration. À leur manière, ils perpétuent une tradition ancienne qu'on nomme aussi parfois plus largement *hospitality management* aujourd'hui (lire aussi la partie 3, page 71). On trouve en effet des gîtes dès l'Antiquité, des hôtelleries monastiques au Moyen Âge et le premier restaurant « moderne » au XVIIIe siècle, à Paris – son identité exacte fait encore l'objet de débats enflammés. L'enseignement organisé du bien-cuisiner et bien-recevoir date lui de la fin du XIXe siècle.

Le chef français Charles Driessens (cocorico !) ouvre l'École professionnelle de cuisine et des sciences alimentaires à Paris en 1891 sur les deniers de l'État. Son objectif est de « former des praticiens dans toutes les branches de l'art culinaire et des sciences alimentaires : cuisine, pâtisserie, confiserie, liqueur, office et sommellerie, charcuterie, conserves alimentaires ». Réservée aux hommes, elle fermera ses portes au bout d'un an. Parallèlement, sous l'impulsion de femmes, des écoles pionnières voient le jour en Allemagne et en Suisse.

C'est d'ailleurs à Lausanne, en 1893, qu'est fondée l'EHL (École hôtelière de Lausanne) par Jacques Tschumi. Celle-ci est considérée à ce jour comme la plus ancienne et parfois « la meilleure école hôtelière du monde », titre contesté par d'autres établissements. La trentaine d'écoles d'*hospitality management* les plus cotées, toutes privées à l'exception de deux, sont toujours majoritairement réparties entre la Suisse et la France, mais on en trouve aussi en Espagne, aux Pays-Bas, en Amérique du Nord ou en Asie.

POUR EN SAVOIR PLUS

Jean-Christophe Lefèvre, *Histoire de l'hôtellerie*, éditions Publibook, 2011.

Dans l'Hexagone, on comptabilise par ailleurs 164 lycées (115 sont publics), dont 99 sont labellisés pour leurs pratiques dynamiques lycées des métiers, et 204 CFA (centres de formation d'apprentis), publics ou privés, proposant une formation dans l'hôtellerie-restauration. Sans compter la vingtaine de masters spécialisés en gestion hôtelière proposés par des universités, ou encore les licences professionnelles. On peut estimer qu'on y croise en tout pas moins de 85 000 étudiants en France, tous établissements et toutes voies confondus. De quoi se sentir un peu perdu si vous souhaitez devenir l'un d'eux... Alors suivez le guide !

PARTIE 1

10 QUESTIONS À SE POSER AVANT DE DÉBUTER SA FORMATION

L'hôtellerie-restauration peut être une vocation, une intuition ou… un choix par défaut. Tour d'horizon des différents points sur lesquels vous interroger avant de débuter votre formation.

CHAPITRES

CHAPITRE 1
JE VEUX TRAVAILLER EN SALLE, EN CUISINE OU DANS LES BUREAUX ?

L'hôtellerie-restauration, ce sont des images d'Épinal. Un garçon de café portant gilet et nœud papillon noir sur chemise blanche. Un chef à la toque et la veste immaculées avec pour seules couleurs un col en bleu-blanc-rouge (le symbole du MOF, Meilleur ouvrier de France). Pourtant la palette des métiers est bien plus large. Pour faire au mieux votre choix, vous devez prioritairement répondre à cette question : êtes-vous à l'aise avec un client ?

La taille qui vous convient

À la sortie de l'école Ferrandi, à Paris, Morgane Thomas et son compagnon Matthieu Legal ont fait un choix radical. Adieu les rêves de direction d'un restaurant étoilé, les deux trentenaires ouvrent leur propre fromagerie-restaurant, « L'Affineur Affiné ». Matthieu rembobine le film pour nous : « En troisième année, nous travaillons sur nos mémoires de bachelor avec Morgane. Nous sommes déjà en couple et à côté de chez nous, un local est à vendre. Par curiosité, nous appelons l'agent immobilier, nous visitons le local. La curiosité se transforme en envie. Nous demandons à l'équipe pédagogique de [l'école] Ferrandi de réorienter nos mémoires à trois mois de la remise, pour travailler sur cette création d'une fromagerie à deux. Ils répondent "oui" à condition qu'il y ait effectivement ouverture au bout. L'envie se transforme en volonté. »

Bien plus que le prestige professionnel ou le rythme de vie personnel, c'est le degré de contact avec la clientèle qui a influencé leur décision. Vu d'une cuisine d'un grand restaurant, le client semble habituellement loin, le relationnel se limitant aux « félicitations au chef » transmises (ou non) par le personnel. « J'ai une vraie passion pour la cuisine, mais j'avais peur de me lasser en étant enfermée au milieu de mes casseroles. J'ai choisi de travailler en salle dans notre petite affaire pour rester en relation avec les métiers de la cuisine, tout en ayant une certaine distance », raconte Morgane. À l'inverse, même assigné aux fourneaux, Matthieu est parfois obligé de mettre la main « à la carte » dans une échoppe d'une quinzaine de couverts faisant déguster quelques 120 fromages.

Pour trouver votre propre place dans l'univers de la restauration et de *l'hospitality management*, les périodes de cours pratiques et de stages en amont sont donc essentielles. Elles permettent de faire des essais, de se tromper, pour trouver chaussure à son pied.

Toutes les facettes du métier

Difficile d'éviter la salle ou la cuisine au moment de ses études. Sauf en CFA, qui prépare à un métier spécifique (valet/femme de chambre par exemple), ou à l'université, avec des masters (bac+5) très théoriques. Par contre, que ce soit en lycée professionnel ou en école privée, du BEP (brevet d'études professionnelles) au bachelor (bac+3), les bases de tous les principaux métiers de l'hôtellerie sont enseignées aux élèves, examens à l'appui (lire aussi page 25), même si vous êtes voués à des rôles de management plus qu'à des tâches pratiques.

Ce qui peut laisser un souvenir douloureux, comme pour Clémence Argondicco, qui a obtenu son BEP dans un lycée professionnel de La Roche-sur-Yon (Vendée). « C'était horrible, parce que moi, j'ai toujours voulu être "aux arrières", en cuisine. Parler aux gens, ça me paniquait, alors pendant un service je fixais "les ménages" [la salière et la poivrière, ndlr]. J'ai fait de la salle parce qu'il fallait le faire, c'est tout. Après, je pense qu'il faut être le plus naturel possible, ne pas dire un texte appris par cœur. Mais je me rends compte que ça m'a beaucoup aidée dans ma carrière. »

Qualités et envie

Ces difficultés éventuelles face à la clientèle n'altèrent pas la motivation des étudiants selon Dominique Giraudier, 57 ans, qui dirige depuis 2015 l'Institut Paul Bocuse de Lyon. « Étonnamment, le choix entre un bachelor management des arts culinaires et un bachelor management hôtellerie-restauration n'est jamais flou chez nos étudiants. Quand ils rentrent à l'école, ils savent pertinemment ce qu'ils veulent faire à la sortie : cuisiner ou manager. D'ailleurs nous avons rarement des cas de changement de cursus en cours d'année... » Les stages avancés servent d'ailleurs à conforter ou ajuster ces choix (lire aussi pages 17 et 37).

Mais l'incertitude peut demeurer. Plutôt qu'une projection difficile dans un avenir professionnel parfois lointain, Régis Loeuillet, professeur de techniques culinaires au lycée Nicolas Appert d'Orvault (Loire-Atlantique) propose de s'en tenir à ses envies et qualités du moment. « C'est la grande interrogation... Il est très difficile de savoir quel diplôme pour quel métier préparer en lycée hôtelier ou ailleurs. Les questions à se poser sont : est-ce que j'ai les capacités ? Est-ce que j'ai un choix arrêté de spécialité ? Est-ce que je veux faire trois ou cinq ans d'études ? Si on est sûr de ses aptitudes par contre, il faut sans hésiter pousser au moins jusqu'au BTS. » Le niveau d'études donnera plus ou moins de latitude dans le choix de son premier établissement. Ce qui n'empêche pas une progression ou une réorientation ensuite.

CHAPITRE 2
PEUT-ON DEVENIR MAÎTRE D'HÔTEL AVEC UN CAP SERVEUR PAR EXEMPLE ?

Restaurant, hôtel, café, auberge, boulangerie, boucherie, *food-truck*, etc., où que l'on travaille, l'organisation d'un établissement est toujours très pyramidale, même si le nombre d'étages de cette pyramide peut varier. C'est ainsi que l'on parle de brigade dans un restaurant, comme dans l'armée. Avec des avancements dans les grades, comme dans l'armée.

Vous avez dit « brigade » ?

Une salle de restaurant est organisée de la façon suivante. On va y trouver un premier maître d'hôtel qui chapeaute l'ensemble, puis un maître d'hôtel qui va gérer un « carré » (partie du restaurant), un chef de « rang » (rangée de tables), puis un commis de rang, un commis débarrasseur... Le tout sous la gouverne d'un directeur d'établissement (voir schéma page suivante). Une hiérarchie implacable qui peut être difficile à accepter, nous y reviendrons (lire aussi les parties 2 et 3).

On pourrait détailler l'organigramme analogue d'une cuisine, du chef au commis, en passant par le chef de partie. Ce qui signifie qu'il y a toujours une progression, au sein d'une brigade, au cours de ses études, des stages puis de sa carrière. Encore une fois, le diplôme, l'école et les expérience figurant sur le CV vont déterminer à quel étage on va rentrer dans la pyramide.

EXEMPLE D'ORGANISATION D'UN RESTAURANT

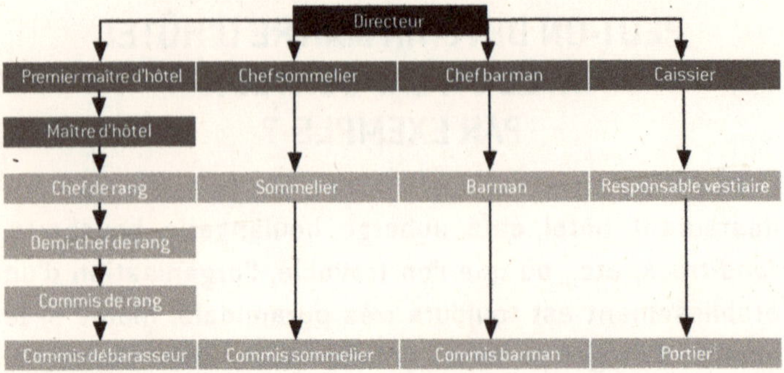

« J'aime la cuisine, la pression du service, le moment où il faut tout faire très vite. Inversement, ce que je n'aime pas, c'est la désorganisation, les choses qui ne sont pas propres. Une fois que j'aurai plus d'expérience, j'aimerais retourner dans mon pays [le Pérou] pour ouvrir mon propre restaurant étoilé », explique Julio Paco, 26 ans, passé par un bachelor dans une école privée « sélect » de Lyon. Si ce projet est logique pour Julio, il n'est pas non plus impossible pour d'autres qui affichent sur leur CV un diplôme moins clinquant. Quelqu'un qui démarre en bas de l'échelle comme commis avec un CAP cuisine peut devenir chef quinze ans après, ou bien maître d'hôtel en débutant par un CAP serveur.

« C'est bien ce que tu fais »

Tout est une question d'envie et d'apprentissage. Le parcours de Charles-Henri Moëc, 29 ans, en est l'illustration. Un peu turbulent au collège, il est interdit de voyage scolaire. Sa classe partie une semaine en Espagne, il s'occupe avec un stage dans un restaurant réputé du Morbihan, L'Arlequin. Une révélation : « C'est la première fois que l'on m'a dit "c'est bien ce que tu fais". J'ai beaucoup appris de ma première formatrice en salle. »

BEP option salle en lycée hôtelier en poche, Charles-Henri aurait pu se contenter de trouver un premier emploi, comme la majorité des diplômés.

Mais pour lui, ce sont les premiers hectomètres d'une longue ascension qui passera par les concours du MAP (Meilleur apprenti de France), du MOF et de l'école Ferrandi (Paris). Aujourd'hui, le Breton travaille comme directeur adjoint de la restauration à l'hôtel parisien Le Meurice, après un passage dans un autre cinq étoiles : The Connaught, à Londres. « J'ai toujours été compétiteur, je suis ceinture noire de judo, même si je n'aime pas dire qu'il y a des gagnants et des perdants. »

Une réussite jusqu'à l'excellence qui n'a rien d'obligatoire dans l'hôtellerie-restauration ou l'*hospitality management*. On peut trouver son bonheur autrement, sans forcément monter en hiérarchie, comme en témoigne la jeune pâtissière Clémence Argondicco : « Je n'ai pas choisi ce métier et ces études en me disant : "Je veux avoir ma boîte, je veux créer mes plats." L'esprit de compétition, je ne l'ai pas non plus, donc il n'a jamais été question de participer à des concours. J'adore produire, mais je ne suis pas créative car je n'ai pas confiance en moi. Je préfère largement qu'on me gère, qu'on me dirige. »

Le tout est de déterminer à quel niveau vous voulez vous situer : décideur ou exécutant ? salarié ou indépendant ? palace quatre étoiles ou hôtel familial ? gastronomique ou resto de quartier ? Trouver un emploi n'est jamais un problème, contrairement à d'autres secteurs.

CHAPITRE 3
OÙ VAIS-JE TROUVER UN EMPLOI ?

La réponse est simple : partout, surtout depuis la crise du Covid-19. Pour reprendre l'exemple de Clémence, à 28 ans cette Nantaise a déjà travaillé dans un salon de thé, deux boulangeries artisanales, une boulangerie industrielle, deux brasseries, un restaurant gastronomique et désormais dans l'événementiel. Un diplôme dans l'hôtellerie-restauration ouvre de nombreuses perspectives, parfois même dans d'autres branches professionnelles.

« Ça recrute » : cliché mais vrai

Chaque année, Pôle emploi évalue à travers son enquête auprès de 2,4 millions d'entreprises. « Besoins en main-d'œuvre », quels secteurs et bassins d'emploi vont le plus recruter en France métropolitaine. En 2022, celles de l'hébergement-restauration prévoient 360 610 embauches, dont 50,5 % sur des postes saisonniers – plébiscités par les élèves... au cours des études – et 49,5 % de contrats longs. C'est dans ce secteur que l'on recrute le plus, particulièrement dans le contexte de la reprise post crise du Covid-19, où les entreprises peinent à trouver de la main-d'œuvre.

Les emplois sont aussi variés que le secteur vaste, de cuisinier en chef dans une cantine d'entreprise à réceptionniste dans une conciergerie de luxe en passant par préparateur dans un *food-truck* ou maître d'hôtel dans un gastronomique de bord de mer. Géographiquement, c'est autour des Alpes, en Île-de-France et dans le Sud et l'Ouest, que l'hébergement-restauration embauche le plus. Les régions les plus touristiques, de fait. Ce qui ne veut pas dire qu'on ne peut trouver d'emploi ailleurs, tant l'offre est pléthorique.

POUR EN SAVOIR PLUS

Créez votre graphique d'emploi personnalisé par région sur le site dédié de Pôle emploi : https://statistiques.pole-emploi.org/bmo/bmo?fg=IZ&pp=2022&ss=1

« C'est simple, il y a près de 300 000 emplois disponibles par an dans l'hôtellerie-restauration et l'éducation nationale ne forme que 85 000 jeunes ou moins jeunes, se désole Patrice Larrosa, proviseur adjoint du lycée des métiers des services Robert Wlérick de Mont-de-Marsan (Landes). Il y a donc un vrai déficit de candidats, que me remontent en permanence les professionnels. Quelqu'un qui rentre dans ces métiers-là, s'il cravache et qu'il obtient un diplôme, il trouve un emploi dès le lendemain ou le surlendemain de la fin de ses études. » Une situation amenée à s'accentuer. À l'été 2022, Pôle emploi estimait qu'il manquait pas moins de 100 000 salariés pour l'hébergement et la restauration, dans un contexte de reprise post Covid-19, après deux années très difficiles pour le secteur qui a le plus subi les restrictions sanitaires. Le taux d'emplois vacants qui naviguait d'ordinaire entre 1 et 2 % a explosé à 5 % en 2022. Les messages « Recrute serveur/cuisinier » s'affichent désormais couramment sur les devantures, tandis que certains établissements ferment à présent un voire deux jours par semaine en pleine saison. « Le plus gros des créations d'emplois vient de la restauration, qui amène sans cesse des nouveaux concepts : bistronomie, *food trucks* [camion-restaurant], *food halls* [lieu rassemblant des restaurants], etc. Ce qu'on retrouve moins dans l'hôtellerie », affine Marie Morcel, directrice générale de Reso France, association qui regroupe 1 200 entreprises de l'hôtellerie, de la restauration et du tourisme.

Un secteur de poids...

Le dictionnaire de l'Académie française définit dès 1932 le terme « gastronomie » comme « l'ensemble des règles qui constituent l'art de "faire bonne chère" », ce qui signifie « faire bon accueil » ou « faire un bon repas ». Bien que les influences soient multiples, la dizaine de pères fondateurs de la gastronomie moderne sont tous français. Depuis 2010, le repas gastronomique des Français est même inscrit au patrimoine culturel immatériel de l'humanité de l'UNESCO.

De quoi susciter des excès de chauvinisme, mais surtout garantir l'avenir des étudiants en hôtellerie dans un secteur qui pèse. Selon l'INSEE (Institut national de la statistique et des études économiques), on comptabilise plus de 330 000 restaurants, cafés, hôtels et établissements de nuit dans l'Hexagone, pour près de 800 000 emplois, en 2020 (derniers chiffres disponibles), soit le sixième employeur du pays. Si l'on élargit le spectre à l'ensemble du secteur touristique, on parle de 1,2 million de salariés en équivalent temps plein qui travaillent dans près de 350 000 entreprises – soit 8 % du PIB national ! La France reste la première destination touristique mondiale avec 90 millions d'arrivées de touristes étrangers en 2019, avant-crise. L'objectif de reprise, à moyen terme, est de dépasser les 100 millions de touristes l'an.

« Il ne faut pas faire de *french bashing* ["dénigrement de la France"], argumente Dominique Giraudier, de l'institut Bocuse. On pourrait se dire que la gastronomie française, c'est un truc *has been* ["dépassé"], que Paul Bocuse, c'est *has been*. Notre côté arrogant peut déplaire, mais dans la partie technique, où qu'on aille de par le globe, notre excellence vieille de deux cents ans sur les fondamentaux est reconnue. C'est cette maîtrise que les jeunes étrangers viennent chercher, pour se transcender et pousser plus loin leur créativité. » Ce que confirme avec simplicité Seongeun Jeong, Coréenne diplômée d'un bachelor en arts culinaires du côté de Lyon : « Le savoir-faire français est incontournable dans ce domaine. » D'autant que ces compétences sont recherchées ailleurs.

… Qui ouvre des portes au-delà des salles et des cuisines

Oui, une formation hôtelière ou gastronomique ne mène pas automatiquement au monde de… l'*hospitality management* ou de la restauration. Marc Fourcadet, directeur délégué du lycée Nicolas-Appert d'Orvault (Loire-Atlantique), prend un exemple parlant. « Un ancien élève qui a fait un BTS chez nous vient de trouver un emploi. Son nouveau patron, que je connais, m'appelle. Je lui dis "bravo, tu l'as embauché au service restauration de ta banque ?", il me répond "non, pas du tout, il est dans une agence bancaire, c'est le seul qui s'est présenté en costume et qui a rigolé quand je lui ai parlé horaires. Pour le reste, on va le former". » Le savoir-être inculqué aux élèves est, en effet, très recherché.

Loin d'être anecdotique, le recrutement « ailleurs » est une tendance de fond, encore plus marquée dans les écoles privées cotées. À l'EHG (École hôtelière de Genève) en Suisse, sur 100 étudiants diplômés, 40 restent purement dans l'hôtellerie-restauration quand 60 exercent dans la banque, les assurances, la comptabilité, les ressources humaines, etc. « Le constat est clair, on forme des gens chez nous qui ont tendance à s'échapper de notre secteur d'activité » regrette presque Marie Morcel, directrice générale de Reso France. Bien entendu, le niveau de diplôme a son influence. Selon l'Observatoire Fafih, un étudiant qui obtient un BTS en lycée des métiers va trouver à 88 % son premier emploi dans l'hôtellerie alors qu'avec un master universitaire, il n'y exercera qu'à 33 %. Raison supplémentaire pour bien choisir son établissement en fonction de son projet professionnel.

POUR EN SAVOIR PLUS

Lisez « Insertion des jeunes dans l'hôtellerie-restauration », Observatoire de l'hôtellerie et la restauration (Fafih), 2010, www.fafih.com/sites/default/files/fichiers/fichiers/extranet/Fafih-etude-insertion-jeunes-CHR-2010.pdf

CHAPITRE 4
ÉCOLE, LYCÉE, CFA : LA DIFFÉRENCE, C'EST JUSTE LE COÛT ?

D'un côté le CFA, le lycée et l'université, publics, de l'autre l'école hôtelière, privée. Une classification facile mais pas forcément pertinente pour se décider. La nature de la formation est une approche plus efficace.

CFA, l'apprentissage court et concret

Les CFA ont été créés dans l'Hexagone il y a tout juste soixante ans, en 1966. Après une phase de déclin puis une période de renouveau, les effectifs stagnent aux alentours de 400 000 apprentis aujourd'hui. Un peu moins de 10 % d'entre eux sont dans l'hôtellerie-restauration, soit 36 000 personnes.

Le statut varie d'un établissement à un autre – un centre privé géré par un syndicat professionnel ou un centre public rattaché à un lycée par exemple – mais ce qu'il faut retenir est que l'apprentissage est organisé par les régions et chapeauté par l'État. Le contenu des apprentissages demeure donc homogène. On recense 204 CFA qui forment aux métiers de l'hôtellerie-restauration, en métropole ou dans les outre-mers.

Ce n'est pas un enseignement scolaire à proprement parler. Âgé de 16 à 25 ans (sauf dérogation), on signe un contrat d'apprentissage avec une entreprise dans le cadre d'une « formation générale, théorique et pratique, en vue d'acquérir une qualification professionnelle sanctionnée par un diplôme » (ministère du Travail). Soit un des huit CAP de l'hôtellerie, de A comme « agent polyvalent de restauration » à S comme « services hôteliers ».

POUR EN SAVOIR PLUS

Rendez-vous sur l'incontournable « Portail de l'alternance » gouvernemental,
https://www.alternance.emploi.gouv.fr/accueil

Sur une période de un à trois ans, les apprentis sont rémunérés de 25 à 78 % du SMIC (soit de 850 à 1 250 € nets), en fonction du niveau d'avancement et de l'âge. Le rythme varie d'un centre à un autre : trois mois de cours puis trois mois en entreprise, une semaine puis trois semaines, deux jours puis trois jours, par exemple. C'est un premier pas dans le monde du travail. « J'ai choisi un établissement dans la banlieue de Nantes, en fonction de l'entreprise d'alternance, qui était basée à Nantes même », abonde la pâtissière Clémence Argondicco. Malheureusement, le niveau scolaire peut aussi faire du CFA un choix par défaut, sans que l'élève n'ait son mot à dire...

Lycée hôtelier et école hôtelière : les faux jumeaux

« Les écoles privées, c'est une belle vitrine du savoir-faire à la française pour attirer les étudiants étrangers. Après, ce qu'on apprend et qu'on applique là-bas on le retrouve ici dans notre lycée hôtelier public, on est capable de faire exactement la même chose », s'agace Marc Fourcadet, du haut de ses plus de quarante ans d'expérience dont quinze au lycée Nicolas-Appert d'Orvault (44).

Sur le papier, la différence entre un des 99 lycées hôteliers français labellisés et la trentaine d'écoles hôtelières de France ou de Suisse ne saute pas aux yeux. Enseignements, restaurant ou hôtel d'application, alternance entre théorie et pratique, etc. La ressemblance est troublante, alimentée par une confusion sémantique. Le terme « école hôtelière » est souvent employé pour désigner un établissement d'enseignement hôtelier de manière générale, un héritage historique.

La ligne de démarcation est en fait le prestige et les débouchés. L'école hôtelière est un établissement coté, où le recrutement sélectif, les frais de scolarité comme les diplômes dispensés, se rapprochent des meilleures écoles de commerce. On y évolue dans l'*hospitality management* et non plus l'hôtellerie-restauration. On y suit un bachelor (bac+3) et non plus une licence (bac+3). Il en coûte de 6 500 à 50 000 € par an. D'où l'accusation de discriminer par l'argent, « c'est juste trop cher », déplorent nombre d'étudiants rencontrés. Cette manne financière permet aux écoles privées des infrastructures dernier cri et la crème de la crème des professionnels.

« Nos équipes, ce sont environ 30 chefs à plein temps : des MOF, des chefs débauchés dans des gastronomiques, des experts de l'industrie agroalimentaire. C'est une masse d'expérience mise à la disposition des étudiants », liste Dominique Giraudier, qui dirige l'institut Bocuse. Les seuls contre-exemples sont le lycée des métiers de l'hôtellerie Jean-Drouant et le lycée hôtelier Savoie-Léman, appelés et considérés respectivement comme École hôtelière de Paris et École hôtelière Savoie-Léman. Le premier, partenaire d'établissements parisiens de luxe, est l'organisateur de nombreux concours nationaux : de la Cuillère d'or au Challenge culinaire du président de la République. Le second s'enracine prestigieusement depuis plus d'un siècle dans la verdure de Thonon-Les-Bains (Haute-Savoie).

Les professeurs des lycées hôteliers, bien que très compétents, ont des liens plus distendus avec la restauration actuelle. D'où une image poussiéreuse des établissements publics. Le spectre des diplômes préparés est cependant plus large, couvrant l'enseignement secondaire et supérieur : bac professionnel, bac technologique, BTS (bac+2), MC (mention complémentaire), etc. Les préparer est gratuit à l'exception des tenues professionnelles et du matériel qui coûtent de 100 à 500 € par an environ (hors aides). Ce qui n'empêche pas une hiérarchie de fait entre les établissements.

« Notre imbrication avec le monde professionnel régional est forte », ajoute Marc Fourcadet. Manière de se démarquer d'écoles privées, plongées dans la mondialisation hôtelière parfois jusqu'à la caricature – anglicismes à outrance, concurrence larvée mais féroce. Des statistiques globales n'existent pas, mais on peut estimer qu'il y a environ 85 000 étudiants en hôtellerie en France, lycées et écoles confondus.

L'université, la grande oubliée

« Comment ça, des études d'hôtellerie à l'université ? », c'est la réponse interloquée d'une lycéenne quand on l'interroge sur son parcours à venir. Pourtant, des formations existent, comme la licence professionnelle mention hôtellerie et tourisme (bac+3) avec des spécialités ou le master professionnel spécialisé en gestion hôtelière (bac+5). Quelques centaines d'étudiants s'y inscrivent chaque année.

Marc Fourcadet, du lycée Nicolas-Appert d'Orvault, a son explication : « Le problème des licences professionnelles et des masters à l'université, c'est qu'ils n'ont qu'une dizaine d'années d'existence. Ils sont relativement méconnus, même chez les professionnels et les élèves. »

Une vingtaine d'universités les proposent aux frais habituels, fixés nationalement. 170 € pour une licence, 243 € pour un master 1 ou 2 – sans oublier les 95 € de contribution à la vie étudiante (CVEC). Un argument de taille face aux écoles hôtelières privées. La licence pro hôtellerie et tourisme s'effectue en un an, à la suite d'un BTS ou d'une licence 2. Le recrutement s'effectue sur dossier, tout comme en master, qui lui nécessite l'obtention préalable d'un diplôme de niveau bac+3. Bien qu'on puisse les effectuer en alternance, ces formations essuient parfois des critiques relatives à leur caractère très théorique.

CHAPITRE 5
FAUT-IL ABSOLUMENT CHOISIR L'ALTERNANCE ?

Dresser les éléments d'une table, tailler des légumes en julienne, lutter des coquilles Saint-Jacques, composer la carte d'un restaurant, penser un banquet de A à Z, aménager une suite d'hôtel, etc. Par essence, l'hôtellerie-restauration ou l'*hospitality management*, c'est du concret. Logique donc de se tourner vers l'alternance... dans certains cas.

Apprentissage n'est pas professionnalisation

Qui dit alternance ne dit pas automatiquement CFA, évoqué précédemment. Alterner théorie, en classe, et pratique, en entreprise, est aussi possible au lycée, à l'université ou même parfois en école. À l'école hôtelière d'Avignon (84), par exemple, la moitié des élèves choisissent ce mode d'enseignement. Pas de système de bourses, tout le monde est logé à la même enseigne. Dans le public, le coût de la formation est en effet entièrement pris en charge par l'employeur, la région et l'État. Du côté du privé, seuls les frais d'inscription à l'établissement sont à la charge de l'élève. La rémunération est de 25 à 78 % du SMIC, rappelons-le. Ces droits imposent des devoirs professionnels : pas question de faire le coup de la panne de réveil.

POUR EN SAVOIR PLUS

Téléchargez gratuitement le guide numérique de l'Etudiant sur l'alternance, édition 2022, https://www.letudiant.fr/etudes/alternance/guide-de-l-etudiant-l-alternance.html

Un contrat en alternance est une formation initiale, sur un minimum de 400 heures, avec un diplôme à la clef. C'est pour cela qu'il est réservé aux 16-25 ans, quel que soit l'établissement. Il ne faut pas le confondre avec le contrat de professionnalisation, qualifiant mais sans diplôme au bout, destiné plutôt aux personnes en reconversion professionnelle (jeunes, mais aussi demandeurs d'emploi et bénéficiaires de prestations sociales). Nous l'abordons à la fin de ce livre (lire aussi la partie 4).

Idéal mais exigeant au lycée

Clémence Argondicco, 28 ans, elle-même passée par un contrat en alternance en Bretagne, en est une fervente partisane. « De mon côté, j'ai toujours voulu être pâtissière donc il n'y a pas eu de problème. Et si tu as cette passion ou une autre, je conseillerais de faire une alternance dès la seconde. C'est comme ça que j'ai le plus appris. »

Prenons l'exemple du baccalauréat professionnel hôtellerie-restauration. Au format classique, le rythme est de trois jours de pratique pour plus de deux semaines de cours. En alternance, on cadence sur deux semaines d'entreprise puis une semaine en classe. « C'est simple, les alternants sont dix fois plus compétents ! » s'exclame Clémence. Plus opérationnels, mais aussi moins scolaires. Happés, voire passionnés par le travail, les alternants en oublient parfois les examens. D'où un taux de réussite au bac plus bas : aux alentours de 70 % en apprentissage quand il s'élève à plus de 80 % par la voie « normale ».

L'alternance de fait en école

L'expression « pédagogie par l'alternance » revient souvent dans les écoles hôtelières. Cela ne rentre pas dans le cadre de l'alternance, au sens légal du terme. On parle ici d'une méthode de formation, presque unanimement adoptée par les établissements privés. Se succèdent de manière paritaire une période d'enseignement (théorique comme pratique) à l'école et une période de stage en restaurant, hôtel, commerce, etc. « Le rythme est régulier, avec quinze jours en cours pour quinze jours en stage, sur les trois années du bachelor », se remémore, avec bonheur, Bérengère Bulgheresi-Descuilhes, diplômée de Vatel Bordeaux en 2012.

L'étudiant est éligible à une « gratification » de stage de 3,90 € de l'heure minimum, au-dessus de deux mois consécutifs en France (ou de 308 heures non consécutives), mais ne bénéficie pas d'un salaire à proprement parler. Autre différence de taille, le stagiaire change régulièrement de société alors qu'un vrai contrat d'alternance est signé en CDD (contrat à durée déterminée) ou CDI (contrat à durée indéterminée) avec une seule entreprise pour toute la formation. Le niveau d'engagement auprès de son tuteur et d'approfondissement des connaissances ne sont donc pas comparables. Quelques écoles hôtelières privées pratiquent cette alternance bordée juridiquement, comme celle d'Avignon, dans le Sud.

À ne pas mettre entre toutes les mains

Pour un alternant, l'immersion est immédiate et totale. Vous n'avez pas forcément le temps d'observer, l'efficacité professionnelle doit primer. « Les alternants sont traités très différemment des stagiaires dans une entreprise, c'est un véritable apprentissage du métier et non un stage d'observation où on épluche des pommes de terre », souligne Clémence Argondicco.

Si vous avez besoin d'un apprentissage plus progressif avec une dimension plus théorique, la voie « classique », en lycée des métiers par exemple, sera préférable. Même si la mise en pratique n'est jamais loin dans l'hébergement-restauration.

POUR EN SAVOIR PLUS

Olivier Rollot, *Alternance le guide 2021*, L'Etudiant éditions, 2020.

CHAPITRE 6
À QUEL ÂGE PEUT-ON SE LANCER ?

Face à l'allongement général des études, l'hôtellerie demeure une filière où l'on peut s'engager tôt. Dès 16 ans, les portes d'un lycée hôtelier ou d'un CFA s'ouvrent en grand. Ce qui ne signifie pas qu'elles se referment sur ceux qui y bifurquent sur le tard.

Envie précoce

Parfois, la passion vient de loin et peut fleurir tôt. Pour s'en convaicre, il suffit d'écouter Amandine Maudet, 22 ans, qui a passé son bac professionnel en Bretagne. « Ce n'est pas du jour au lendemain qu'on se dit "je vais faire un bac pro". Ça vient pas à pas. Depuis toute petite, je suis dans les pattes de mes grands-parents, en cuisine. La révélation a eu lieu dès la quatrième, au collège, j'avais envie de découvrir le métier de cuisinier. » Sûre de ses intuitions, elle a opté précocement pour l'hôtellerie, dès 16 ans.

Pour d'autres élèves aux piètres résultats scolaires, c'est un choix par défaut, particulièrement en CFA. D'où une réticence de plus en plus partagée à bifurquer tôt. « En France, il y a une volonté chez les jeunes comme chez les familles d'avoir toujours un diplôme plus haut, en théorie, déplore Régis Loeuillet, professeur expérimenté qui a fait toute sa scolarité au Touquet Paris-Plage. C'est pour cela qu'on a énormément de demandes sur les BTS. » Ce qui correspond à un bac+2, soit le niveau d'enseignement le plus poussé au lycée.

Sur le tard

Charles-Henri Moëc, 29 ans, a débuté en lycée hôtelier pour terminer avec un bachelor en école hôtelière. Cinq ans d'études professionnalisantes qui ne le conduisent pas à rejeter la filière générale. « Avec un bac ES, L ou S, l'expérience manque, mais on a beaucoup de professionnels qui ont suivi des études littéraires ou scientifiques sur choix des parents pour ensuite bifurquer vers l'hôtellerie. Pour moi cela ne pose pas de problème, à partir du moment où on veut, on peut », analyse-t-il.

Concernant l'âge des entrants, les stratégies des établissements d'enseignement supérieur varient. Certains, notamment Français, privilégient des bacheliers âgés en général de 18 ans – la moyenne au bac devenant souvent un critère de recrutement. D'autres, souvent étrangers, se concentrent sur l'expérience du candidat et préfèrent les accueillir plus tard, aux alentours de 20-21 ans. Il n'y a pas d'âge limite cependant. Ruijun Sun a terminé sa troisième année de bachelor en arts culinaires à… 27 ans. « J'ai d'abord fait un bac+4 en Chine en commerce international, qui n'avait rien à voir avec la cuisine. » Une quasi-reconversion, en somme.

Trois qualités essentielles

Quel que soit l'âge, Patrice Larrosa, proviseur adjoint du lycée Robert Wlérick (40), énumère les trois qualités à afficher. « Un, il faut une motivation très forte, l'envie de travailler. Deux, il faut prendre soin de sa personne, faire attention à soi, être bien coiffé, bien rasé. C'est triste à dire, mais c'est comme ça. Trois, l'ambition : on peut commencer tout en bas et finir très haut, il y a énormément de directeurs de grands hôtels qui ont commencé simples commis. Globalement, il y a cette "banane" dans l'hôtellerie que l'on ne retrouve pas ailleurs, dans ces lycées, les gens aiment ce qu'ils font. » On en revient à la passion de la jeune Amandine.

En définitive, un cursus dans l'hébergement-restauration peut prendre des teintes variées : court ou long, choisi (très) tôt ou découvert (très) tard. Les ingrédients essentiels à une réussite ne changent pas : savoir-être et vouloir-faire.

Le rôle de sa vie ?

Se retrouver à 16 ans face à un client… n'est pas toujours une partie de plaisir. Le stress, voire la peur, sont tout à fait naturels. Charles-Henri Moëc, maître d'hôtel à seulement 23 ans, confie qu'à ses débuts, il s'est créé un personnage pour se protéger. Un peu comme un comédien qui jouerait un rôle sur les planches. « Il ne faut pas rentrer chez soi avec des doutes dans la tête. Les remarques désagréables du client, il faut les prendre pour le "personnage" et pas personnellement. » En cas de problème, cet ancien de l'école Ferrandi prône la réactivité dans la brigade : « Si quelque chose ne va pas, il faut tout de suite crever l'abcès. Je préfère prendre un collègue à part en lui disant immédiatement "je vois que tu ne vas pas bien, qu'est-ce que tu as ?" qu'attendre des jours. » Matthieu Legal, lui aussi passé par Ferrandi, se veut rassurant sur le long terme. « Il faut relativiser ce côté théâtral. J'ai l'impression que c'est surtout en début de carrière qu'on a besoin de rentrer dans un personnage, pour se protéger. Plus on accumule d'expérience avec le temps, moins on a besoin d'endosser ce rôle. » Le rôle de sa vie, c'est surtout l'apprentissage d'un métier.

CHAPITRE 7
ÉTUDIER À L'ÉTRANGER, EST-CE UNE BONNE IDÉE ?

Bien qu'historiquement francophone (France, Suisse), l'apprentissage d'excellence en école hôtelière s'affirme en Espagne, aux Pays-Bas, aux États-Unis, en Chine ou à Singapour… C'est la conséquence directe d'un développement fulgurant du tourisme international qu'on raccroche à l'hôtellerie-restauration via l'anglicisme *hospitality management* (lire aussi la partie 3, page 71).

Tourisme global

Nous évoquions un peu plus haut le secteur du tourisme en France qui pèse pour 8 % du PIB du pays avec 90 millions de touristes étrangers accueillis en 2019, avant la crise sanitaire, un niveau que l'on devrait retrouver sous peu. Les indicateurs de l'OMT (Organisation mondiale du tourisme) s'avèrent encore plus ébouriffants. Un être humain sur sept voyage en « touriste ». On comptabilise en effet jusqu'à 1,4 milliard d'arrivées de touristes internationaux dans le monde par an. Économiquement, cela représente d'ordinaire 7 % du total des exportations mondiales, soit le troisième secteur après les carburants et la chimie (lire aussi page 20).

Des continents entiers, de l'Amérique du Sud à l'Asie en passant par les Caraïbes, développent l'économie du tourisme dans les pas de la vieille Europe ou des États-Unis. Le dernier bilan hôtelier mondial recense 23 millions de lieux d'hébergement (Airbnb, seul, compte 4 millions d'hôtes, majoritairement professionnels). Les grands groupes hôteliers, du britannique IHG au chinois Jin Jiang, sont en plein *boom*. Sans même parler des centaines de millions de restaurants ouverts sur la planète : luxueux, populaires, régionaux, cosmopolites, rapides, collectifs... À titre indicatif, près de 5 000 d'entre eux, dont 627 étoilés en 2022, sont sélectionnés dans le dernier *Guide Michelin* et *McDonald's* à lui seul possède plus de 33 000 fast-foods.

POUR EN SAVOIR PLUS

Lisez « Bilan mondial de l'activité hôtelière », MKG Hospitality, https://hospitality-on.com/fr/gestion-operationnelle/observatoire-mkg-hospitality-activite-hoteliere-en-mars-enfin-le-retour-la

Des écoles-monde

Étudier, faire un stage ou même travailler à l'étranger devient donc courant. Les lieux d'enseignement se placent dans le sillage, et même parfois à l'avant-garde, de cette globalisation de l'hôtellerie-restauration. Bérengère Bulgheresi-Descuilhes, ancienne de l'école Vatel, en Gironde, le raconte avec ses mots : « Ce qui m'a le plus frappée à mon arrivée, c'est la mixité. Je sortais d'une école privée bien bordelaise et tout d'un coup, il y avait plein d'étrangers, plein de cultures, plein de jeunes différents attirés par cet apprentissage. »

Comme Ruijun Sun, 33 ans, qui a obtenu son bachelor en arts culinaires dans la région lyonnaise. « Mes études de commerce en Chine ne me plaisaient pas trop donc j'ai décidé de partir en France, pour apprendre autre chose. La cuisine demande beaucoup de travail à la main parfois complexe, on n'est pas assis derrière un bureau, scotché à un ordinateur. » La fusion des saveurs et des apprentissages est sur toutes les bouches. On croise la cuisine traditionnelle française avec des saveurs venues d'Amérique latine, par exemple. On mélange les nationalités dans les brigades et les groupes de travail.

Immersion totale

Suivant les écoles, la part d'étudiants étrangers peut varier de 20 à 90 %. Sur les bords du Léman, à l'EHL, moins de la moitié des 3 800 élèves sont suisses, avec 127 nationalités représentées. « C'est un point fondamental pour l'école. Nous sommes volontairement multilingues, multiculturels et multinationaux, sans pays dominant », assume Michel Rochat, P.-D.G. du groupe EHL à propos de cette mondialisation. D'autres établissements font le choix d'avoir plusieurs campus, comme Les Roches, installé à la fois à Marbella, dans le sud de l'Espagne, et à proximité de Sion, en Suisse.

Tout n'est pas rose pour autant. Plonger dans l'enseignement d'un autre pays, c'est risquer parfois la noyade. « La première année, la vraie difficulté, c'est au niveau de la langue, témoigne Daniel Jarrín Molin, Équatorien venu en France pour apprendre la cuisine. Tu arrives dans un pays, tu ne comprends pas la moitié des choses, tu n'es pas assez confiant pour t'exprimer dans la vie quotidienne. La compréhension des cours et des examens est difficile, sans compter l'adaptation à une autre culture, d'autres formes de politesse, par exemple. » Un choix à mûrir donc. L'aventure internationale, très onéreuse, peut déjà prendre la forme d'un stage à l'étranger, au cours de son lycée hôtelier par exemple.

CHAPITRE 8
L'ANGLAIS EST-IL INDISPENSABLE ?

Sans surprise, les deux langues les plus utilisées dans les hôtels et restaurants sont le français et l'anglais. L'une par tradition, l'autre par pragmatisme, un peu comme pour les annonces officielles aux jeux Olympiques. Alors, *the bill, please* (« l'addition, s'il vous plaît »).

Surtout en salle

Côtoyer des étrangers n'a clairement rien d'inhabituel quand on choisit des études dans l'hôtellerie. C'est même plutôt courant, que ce soit en salles de classe ou dans les coursives d'un hôtel. Pour gérer des réservations ou prendre des commandes en salle, la maîtrise de l'anglais devient même indispensable. C'est le quotidien d'une petite *winstub* (« auberge ») alsacienne comme d'un chalet d'altitude de luxe en Haute-Savoie. Certaines écoles étrangères font d'ailleurs d'un score minimal au TOEFL (Test of English as a Foreign Language), un préalable au recrutement.

Charles-Henri Moëc, Breton passé par l'école Ferrandi de Paris, est catégorique. « L'anglais, c'est une deuxième langue, mais c'est une langue qui doit être maîtrisée comme le français. Pour le jeune qui veut être majordome ou travailler en salle, c'est indispensable. Même dans un petit restaurant, c'est ce qui va faire fuir ou non certains clients. Un anglophone avec lequel vous ne pouvez pas communiquer, c'est un client perdu. Il est donc important et formateur de partir à l'étranger, on coupe le cordon, mais on apprend en étant autonome. » À Londres, où a longtemps exercé Charles-Henri, on croise nombre de jeunes Français venus apprendre l'anglais en travaillant dans des bars, hôtels ou restaurants.

Apprentissage plurilingue

Vous ne pouvez/voulez pas partir à l'étranger ? Pour pallier les lacunes linguistiques des élèves français, certains établissements proposent un enseignement directement bilingue français-anglais. On peut citer l'ESH (École supérieure d'hôtellerie), entre Clichy-la-Garenne et Londres, l'Institut Paul Bocuse de Lyon, ou même le lycée hôtelier parisien Guillaume-Tirel. La dernière arrivée, l'école Ducasse (221 élèves) propose son bachelor en *culinary arts* à Paris entièrement en langue anglaise. Au contraire, d'autres établissements mettent un point d'honneur à prodiguer 100 % des enseignements en français, comme l'EHG (Suisse). Une manière de jouer la carte de la tradition dans un environnement très mondialisé.

POUR VOUS DONNER UNE IDÉE

Rendez-vous sur le riche lexique d'Anglais Restauration et son site très *vintage*, http://anglais.restauration.free.fr/

L'apprentissage de langues supplémentaires dépend aussi des ambitions de chacun. D'évidence, un étudiant belge pourra faire de son trilinguisme (néerlandais-français-anglais) une force s'il souhaite faire carrière dans l'hôtellerie de luxe au Moyen-Orient. Sous-secteur dans lequel savoir parler plusieurs langues est indispensable. Mais pour réussir à haut niveau en France, la maîtrise des termes techniques de la restauration en anglais est déjà une base solide.

De l'avantage d'être francophone

Les langues, ce n'est pas votre fort ? Les étudiants francophones en hôtellerie bénéficient d'un avantage de taille : ils parlent... français. Car la langue de Molière est aussi celle du monde culinaire. Vol-au-vent, crème pâtissière, etc., l'anglais emprunte ainsi directement au français toute une gamme de termes techniques. Il est toujours bon de rappeler que, pour un élève étranger, détailler, provenance par provenance, un plateau de 15 fromages à des clients peut tourner au supplice. « Pour moi, le plus dur, c'est la partie théorique, ça va du lexique de la cuisine jusqu'aux termes de la comptabilité », abonde Ruijun Sun, étudiante d'origine chinoise à Lyon. S'engouffrant dans la brèche, nombre de petites écoles de langues – les Trois Ponts à Roanne (42), France Langue implanté dans cinq villes, LSF (Learn French in the South of France) à Montpellier, le Swiss Language Club de Leysin, en Suisse – proposent cours de cuisine et de français mélangés, avec une qualité et des prix variables. Ces écoles ne remplacent en rien la formation d'un établissement hôtelier. Profitez donc de l'atout qu'est la maîtrise du français pour vous ouvrir à d'autres langues et cultures !

CHAPITRE 9
PEUT-ON CRÉER SON RESTAURANT/ HÔTEL UNE FOIS DIPLÔMÉ ?

Travailler dans les cuisines d'une cantine d'entreprise ou à l'accueil d'un hôtel de bord de mer, c'est travailler pour les autres, avec les autres. D'autres préfèrent s'installer à leur compte, diriger leur propre établissement, créer un nouveau concept de restaurant. Bonne nouvelle, les écoles y préparent en majorité, même si ce choix est très minoritaire chez les étudiants.

Penser son affaire de A à Z

Scène étonnante dans un petit amphithéâtre de l'institut Paul Bocuse de Lyon transformé en salle d'examens. Face à cinq élèves, une petite dizaine de professionnels : chef en toque, designer culinaire, commerçant, comptable, responsable marketing, etc. Le projet de fin d'études passé au crible est une ouverture de restaurant. Tout y passe, de la disposition de la salle au menu du jour (mitonné dans un terminal d'aéroport par une brigade d'élèves), jusqu'au choix du logo et à la construction d'un *business model*.

Cette nouvelle facette de l'enseignement hôtelier, proche des méthodes des écoles de commerce, se popularise depuis quinze ans. On en trouve même trace dans le public, comme au lycée Alexandre-Dumas de Strasbourg avec un restaurant éphémère, *L'Atelier des gourmets*. « Actuellement en deuxième année de BTS management en hôtellerie-restauration, cette expérience nous permet de mettre en application le contenu de notre formation, d'exercer le temps de quelques jours les métiers dont nous rêvons tous et de vous faire partager notre passion pour la *street food* ["cuisine de rue"] ! » écrivent les 24 étudiants qui ont porté le projet. Reste à passer du rêve à la réalité.

Une poignée d'aventuriers

Ce qu'a réussi Bérengère Bulgheresi-Descuilhes, en fondant la Conciergerie du Cap (33). Une suite logique à ses études, selon elle. « [L'école] Vatel m'a aidée car en dernière année, on nous demande de monter une entreprise fictive. Ce qui m'intéressait, c'étaient les conciergeries d'hôtel, gérer les demandes des clients, des plus farfelues au plus simples, tout en voulant être indépendante. Sachant qu'il y avait un vrai manque au Cap-Ferret d'une structure qui rassemble ces services. Aujourd'hui, nous sommes sollicités pour des demandes simples comme un baby-sitter pour une soirée et des choses plus compliquées comme un maître-nageur personnel le 15 août. »

Même écho positif chez Matthieu Legal, cocréateur du bistro-fromagerie *L'Affineur affiné*, à Paris. « Je peux reprocher plein de choses à [l'école] Ferrandi mais pas un manque de solidité dans la formation. Nous n'avions pas toutes les infos pour la création d'une affaire, mais suffisamment. Nous étions bien armés. » À sa remise de diplômes, Matthieu était le seul à démarrer son affaire. Une tendance confirmée en lycées hôteliers, où seuls 4 à 7 % des diplômés s'installent immédiatement à leur compte (étude de l'observatoire Fafih, 2010). La voie classique est plutôt de barouder un peu avant d'être indépendant. Ces parcours demeurent donc exceptionnels, mais de plus en plus enviés.

CHAPITRE 10
C'EST QUOI UN TITRE RECONNU PAR L'ÉTAT ?

CAP, bac, MC, BTM, BTS, licence, bachelor, MBA, master, etc. Au premier regard, les diplômes de la formation hôtelière ressemblent à une jungle de termes et de sigles. Heureusement, il existe la certification, un tri opéré par l'État, gage de clarté pour la profession. Alors armez-vous de votre machette !

Certification pour un métier

RNCP, quatre lettres pour désigner le Répertoire national des certifications professionnelles. Sorte de grande bible des titres et certificats qui mènent à un métier – les formations théoriques sont exclues. Sept mille sept cent dix formations y sont entrées en tout, dont près de 300 au chapitre hôtellerie-restauration. Ces dernières sont classées de la façon suivante : niveau V pour un CAP, soit deux ans après le collège ; niveau IV pour un baccalauréat ou équivalent ; niveau III pour un bac+2 ; niveau II pour un bac+3 et enfin niveau I pour un bac+5.

POUR EN SAVOIR PLUS

Le moteur de recherche du RNCP, https://www.francecompetences.fr/recherche_certificationprofessionnelle/

Il est plus simple de s'y retrouver pour les recruteurs, car des formations aux dénominations complexes et variées sont traduites en termes de compétences. Dans des domaines parfois très techniques comme la sommellerie ou la pâtisserie, avoir un diplôme certifié est quasiment indispensable. Les élèves prennent d'ailleurs le pli en parlant couramment de « formation de niveau... ». La hiérarchie entre les établissements ne s'efface pas pour autant. Avoir inscrit sur son CV « École hôtelière de Lausanne », plus ancienne au monde, ou lycée des métiers de l'hôtellerie et du tourisme du Gosier (Guadeloupe), premier ou deuxième suivant les années du classement de l'Etudiant, demeure un atout maître.

Pas d'équivalence

Dans les CFA et lycées, publics ou privés sous contrat avec l'État, un titre délivré est certifié d'office. Attention, il n'existe cependant pas d'équivalence de droit entre deux certifications. D'où l'organisation de parcours adaptés pour passer d'un diplôme à l'autre. Pas de panique donc... « Notre mise à niveau est une sorte de réorientation après un diplôme général et technologique, détaille Éric Duszynski, proviseur adjoint au lycée Jean-Drouant (Paris). La personne va faire un an de réapprentissage sur la cuisine, la salle, les langues, etc. Elle peut ensuite se destiner à une carrière de manager à l'international sans problème. »

Ce « palier de décompression » permet de garantir que tous les élèves ont exactement le même bagage technique, quel que soit leur parcours. L'objectif final étant de garantir un maximum de réussite aux examens et un bon taux d'insertion professionnelle.

Un outil de communication

Autre bonne nouvelle, mais du côté des écoles privées cette fois-ci. Un titre répertorié au RNCP s'apparente à un avantage sur la concurrence, elles communiquent donc beaucoup dessus. Ce n'est qu'un premier filtre, mais choisir son parcours devient ainsi plus facile. La totalité des écoles privées françaises citées dans ce livre proposent (quasi) uniquement des diplômes certifiés. Si tel n'est pas le cas, nous recommandons la prudence la plus absolue. Ne confondez pas non plus certification avec équivalence, reconversion ou concours. Ces thèmes sont abordés à la fin de l'ouvrage (lire aussi la partie 4).

Questions simples pour un cursus réussi

Pour les écoles basées à l'étranger, il n'y a par définition pas de certification française, même si des correspondances existent, comme le standard professionnel ES (école supérieure) en Suisse. À l'échelle de l'Union européenne prévaut depuis quinze ans un EQF (Cadre européen des certifications), du niveau I – savoirs de base – au niveau VIII – savoirs les plus poussés d'un domaine. Faire son choix pour une formation à l'international est donc (un peu) plus complexe, particulièrement hors d'Europe. À titre d'exemple, en 2015, l'École nationale supérieure du tourisme d'El-Aurassi (Algérie) était vilipendée par des étudiants, car elle distribuait des diplômes sans valeur juridique tout en facturant les études au prix fort.

Pour vous y retrouver, revenez-en à des questions simples, par ailleurs pertinentes pour tous les établissements : depuis quand existe l'école ? Comment s'effectue le recrutement ? Comment s'organisent les études ? Qui y enseigne ? Quelle est l'ambiance ? Qui sont les entreprises partenaires ? Quel est son réseau académique ? Qu'en disent les (anciens) élèves ? Quel est l'avis des professionnels ? Quels sont les débouchés ? Combien cela coûte ? Réponses dans les pages qui suivent.

PARTIE 2

AU LYCÉE OU EN CFA, DES FORMATIONS HÉTÉROGÈNES

S'orienter dès la fin du collège vers l'hôtellerie n'a rien d'obligatoire, notamment si votre but est d'intégrer une école privée pour suivre un bachelor (bac+3, niveau I). Passer d'abord par la voie générale classique du bac au lycée est tout à fait possible. Choisir un CFA, c'est entrer de plain-pied dans le monde professionnel avec une alternance sur deux ans. Au bout, un CAP (niveau V) dédié à un métier. Libre à vous de pousser plus loin si vous mordez à l'hameçon. Au lycée, votre objectif peut être d'entrer sur le marché du travail rapidement avec un bac professionnel (niveau IV) orienté cuisine ou service. Sinon, direction le bac technologique pour des études plus longues, avec dans la foulée le très recherché BTS (bac+2, niveau III), ou la bifurcation vers une école hôtelière, voire l'université.

CHAPITRES

CHAPITRE 1
CAP EN HÔTELLERIE-RESTAURATION, LES BASES D'UN MÉTIER

C'est peu dire que le CAP a mauvaise presse auprès des jeunes comme de leurs parents. « C'est pour les mauvais élèves », « c'est une voie de garage », entend-on souvent. Pourtant, il s'agit d'une formation courte et très professionnalisante où l'on est... rémunéré en alternance. Un apprentissage par la pratique qui peut agir en révélateur.

Pas souvent en classe

Et si le problème n'était pas vos notes, mais le mode d'enseignement ? Être assis dans une salle de classe de 8 heures à 17 heures, du lundi au vendredi, n'est pas fait par tout le monde. Régis Loeuillet, professeur en lycée hôtelier qui a passé son CAP de serveur en... 1988, reste un ardent défenseur de son diplôme : « Un jeune en difficulté scolaire à la fin du collège va assez facilement trouver une entreprise du secteur pour apprendre après la troisième. Un CAP, ce n'est pas un échec mais au contraire un moyen d'obtenir un diplôme sans être assis huit heures par jour. En plus, il peut pousser plus loin après, si ces études lui plaisent. »

L'alternance dure classiquement deux ans, trois si l'on débute au collège dès la cinquième ou la quatrième. Le rythme d'apprentissage varie d'un CFA à l'autre, mais le format le plus répandu est une semaine en cours pour deux semaines en entreprise. Parfois, on trouve aussi la cadence deux jours de théorie puis trois jours de pratique. Le temps total de la formation ne peut être inférieur à huit cents heures – soit quatre cents heures par année. Deux tiers de l'emploi du temps rassemblent enseignement général (mathématiques, français, législation, économie et gestion, etc.) et technique (technologie, dessin, etc.). L'enseignement pratique du métier occupant le tiers restant. L'élève est évalué tout au long de l'année, parfois en fin d'année pour la partie professionnelle. Pour obtenir son CAP, il faut cumuler la moyenne générale et la moyenne spécifique aux épreuves pros.

La bande des six certificats

On comptabilise six certificats différents pour des fonctions d'ouvrier ou d'employé qualifié dans l'hôtellerie-restauration. Le CAP agent polyvalent de restauration pour préparer les repas d'un fast-food ou d'une cantine. Le CAP boulanger pour travailler le pain et les viennoiseries. Le CAP chocolatier-confiseur pour maîtriser la fabrication de la chocolaterie et de la confiserie. Le CAP cuisine pour exercer comme cuistot (commis de cuisine). Le CAP pâtissier pour maîtriser la pâtisserie et la viennoiserie. Le nouveau CAP commercialisation et services hôtel-café-restaurant pour être serveur, gérer flux et stocks dans un restaurant ou s'occuper de l'entretien dans un hôtel (une fusion des anciens CAP restaurant, CAP services en brasserie-café et CAP services hôteliers).

En général, les taux de réussite s'étalent de 80 à 90 % pour environ 35 000 diplômés au total chaque année. Sans surprise, les deux diplômes les plus courus, tant en nombre d'établissements que d'apprenants, sont le CAP cuisine et le CAP commercialisation et services hôtel-café-restaurant. Ce sont les formations les plus « générales », souvent enchaînées avec une autre, plus spécialisée, cette fois sur une durée d'un an. Compléter avec une MC est courant. Orientez-vous d'abord vers un métier ou une pratique qui vous parle, voire vous plaît.

Conseil signé Clémence Argondicco : « Mon envie de départ, c'était simplement de faire des gâteaux... au moins pendant quinze ans ! Le CAP pâtissier, ce n'est pas difficile du tout. Le problème, c'est que le tiers de la classe est là par défaut. » C'est d'ailleurs pour cette raison que la jeune pâtissière nantaise a complété sa formation avec une MC glacerie-chocolaterie-confiserie spécialisées.

Un constat partagé par Clémence Bazin, 25 ans, passée par un CAP cuisine : « Au niveau scolaire, ce n'est vraiment pas très compliqué.

Mais au niveau pratique, cela m'a quand même donné la motivation pour continuer mes études, sur le côté gestion d'une entreprise » (lire aussi la partie 1, page 13).

Hiérarchie des lieux

Où peut-on préparer un CAP ? Dans près de 200 établissements, assez bien répartis sur le territoire français. Un maillage de l'alternance qui comprend un quart de lycées pour trois quarts de CFA. Dédiés à l'apprentissage, ces centres lancés il y a soixante ans peuvent être tout à la fois publics ou privés, gérés par une association, des entreprises, une CCI (chambre de commerce et d'industrie), des lycées, etc. Dans tous les cas, la région les contrôle sur les plans technique et financier alors que l'État détermine un cadre pédagogique.

POUR EN SAVOIR PLUS

Le moteur de recherche du *Journal de l'hôtellerie-restauration*, https://www.lhotellerie-restauration.fr/ecole-formation/ecole-hotelieres-et-formations-en-hotellerie-restauration.asp

Une garantie d'homogénéité qui n'élimine pas une hiérarchie de fait. « Mes profs ne m'ont pas menti au collège. Ils m'ont dit qu'il valait mieux que j'aille dans un établissement "moyen" à Châteaubriant pour faire mon CAP, plutôt que de viser le plus coté de ma région », rapporte Clémence. Clairement, le CFA des Treize-Vents de Tulle (19), « pôle d'excellence européen », n'est pas son voisin le CFA hôtelier Jean-Monnet de Limoges (89), plus anonyme.

Interne ou externe ?

Ce qui ne doit pas effacer le critère de la localisation géographique, déterminant selon la jeune femme. « Loin de ma famille, en internat à 16 ans, ça ne s'est pas mal passé donc j'ai finalement décidé de changer pour un lycée hôtelier, toujours “moyen”, mais plus proche de chez moi, en Vendée. »

D’autres préféreront s’éloigner de leurs parents. Comme Élise Penard, 22 ans aujourd’hui, qui a intégré un internat dès 17 ans. « Je viens de Bretagne Nord, donc ici, à Nantes, c’était pas trop loin et plus accessible au niveau qualité. Car il y avait celui de Dinan [35], mais il est très demandé et il est donc difficile d’y entrer. » Un troisième critère a été le caractère public de l’établissement, ses parents n’ayant pas les moyens de payer les frais de scolarité du privé. Un savant dosage à trouver, donc.

L’entreprise d’abord

Déterminer son école en fonction de son entreprise et non l’inverse, voilà la règle d’or. N’oubliez pas que vous signez un contrat d’apprentissage, ce qui implique de respecter les règles internes à la société, d’effectuer les travaux confiés, tout en suivant la formation en CFA (ou en lycée) pour vous présenter à l’examen final. De son côté, la société doit vous former complètement à un métier sous l’égide d’un maître d’apprentissage et vous verser un salaire. De 25 % du SMIC, pour les moins de 18 ans au cours de la première année de contrat, à 78 % du SMIC, pour les plus de 21 ans à partir de la troisième année.

Le secteur est réputé pour sa tradition d’alternance. Après le commerce et la vente, c’est lui qui recrute le plus grand nombre d’apprentis. « Pour la plupart des employeurs de l’hôtellerie-restauration, l’alternance est un mode de prérecrutement. Nous souhaitons évidemment garder chez nous les jeunes que nous avons formés : actuellement, nous arrivons à garder plus de 40 % de nos alternants en CDI à la suite de leur apprentissage », confirme à *l’Etudiant* Julien Leguillon, responsable du développement RH au groupe Flo (Hippopotamus entre autres).

POUR EN SAVOIR PLUS

Toujours sur le *Journal de l’hôtellerie-restauration*, vous trouverez des dizaines d’offres d’alternance, https://www.lhotellerie-restauration.fr/emploi/resultat-stage-apprentissage-contrat-pro

Comment choisir ?

Voici quelques conseils pour choisir l'entreprise idéale.

Prenez-vous-y tôt, en jonglant entre votre réseau personnel et les sites internet professionnels dédiés pour les annonces. Évitez les envois massifs et impersonnels de courriels. Ciblez des entreprises précises, qui vous font envie, en combinant message personnalisé au DRH et à un « opérationnel » (votre maître d'apprentissage potentiel).

Accompagnez l'envoi de mail d'un coup de téléphone et/ou d'un passage dans l'établissement, le contact humain est toujours privilégié, particulièrement dans les CHR (cafés-hôtels-restaurants). Renseignez-vous immédiatement sur le rythme et l'encadrement dont vous pourriez bénéficier : compatible ou pas avec votre projet ? Globalement, n'oubliez pas que « Les alternants sont vraiment formés à un métier alors que l'on ne fera que donner un aperçu de ce qu'est le monde du travail à une stagiaire », *dixit* la pâtissière Clémence Argondicco.

Comment changer ?

Les deux premiers mois d'un apprentissage sont assimilés à une période d'essai. Durant cette période, le contrat peut être rompu sans motif par l'employeur ou par l'apprenti. Précisons que la rupture « douce » du contrat (période d'essai donc, accord amiable, CDI proposé ailleurs) relève du Code du travail quand le conflit (démission, licenciement) est réglé devant les prud'hommes. Si vous cherchez une nouvelle entreprise hôtelière pour vous accueillir, ne perdez pas de temps ! Le délai de tolérance entre deux contrats d'apprentissage n'excède pas trois mois, en général.

Le CAP est rarement une fin en soi, vous l'aurez compris. Prenez Christophe Penot, qui codirige actuellement l'EHG (Suisse), établissement où il a passé son CAP cuisine il y a près de 35 ans. Entretemps, le quarantenaire a travaillé au Bristol Paris, à l'Hilton Genève ou au Marriot de New York, des hôtels de luxe. Ce diplôme de base peut ainsi se transformer en première marche d'une longue ascension professionnelle.

CHAPITRE 2
LES BACS PROS SERVICE OU CUISINE, LA SPÉCIALISATION PRÉCOCE

Dans un bâtiment annexe, au bout d'un couloir, à un étage dédié, etc. Les élèves de l'hôtellerie-restauration sont souvent à part dans les lycées, alors qu'on en compte près de 9 000 en France. Ils détonnent avec leurs tenues – costume sombre ou ensemble blanc – et leurs « salles de classe » – restaurant d'application, cuisines. En lycée professionnel, on peut logiquement préparer un bac... professionnel, scindé en deux branches de plus en plus distinctes, cuisine ou service (commercialisation et services en restauration, CSR).

Salle d'un côté...

L'admission en première année en lycée professionnel se fait sur dossier et après avis du conseil de classe de 3e, au collège. À cette étape, il n'est pas toujours facile d'affirmer son point de vue. « J'ai vu une conseillère d'orientation qui m'a plutôt désorienté avec sa proposition de bac S ou de bac ES, se remémore Charles-Henri Moëc, 29 ans, devenu ensuite *assistant house manager* à Londres. Puis, en fin d'entretien, elle a évoqué "par défaut" le lycée hôtelier ou le centre de formation. "Ne vous inquiétez pas" a été ma réponse et je suis retourné en apprentissage dans un restaurant où j'étais allé en stage. »

Obstiné, le Breton obtiendra finalement son bac professionnel CSR (commercialisation et services en restauration, niveau IV). Une formation plus large sur le plan des compétences et des responsabilités qu'un CAP commercialisation et services hôtel-café-restaurant (niveau V). Le titulaire du bac pro est qualifié pour mettre en place une salle, organiser le service des plats et des boissons, planifier les commandes et les livraisons, dérouler un argumentaire de vente au client, voire coordonner l'activité d'une équipe.

Selon le type de restaurant, du bistro au gastronomique, le diplômé débutera comme directeur adjoint, maître d'hôtel ou chef de rang. « Tout ce qu'on voit à la télé ce sont les coulisses, les cuisines, rarement le service en salle et les métiers de l'hébergement qui ont pourtant de sérieux atouts », plaide Éric Duszynski, proviseur adjoint au lycée Robert Wlérick (Mont-de-Marsan) (lire aussi la partie 1, page 13).

... Cuisine de l'autre

Le bac professionnel cuisine est l'autre voie possible. Aux arrières-postes, on parcourt toute la gamme des techniques de réalisation et de présentation des plats inscrits au menu d'un restaurant. Cuisson des viandes et poissons, dressage des assiettes, fabrication de pâtisseries, etc. Le diplômé doit aussi savoir gérer les stocks de produits, prendre les commandes, interagir avec les fournisseurs.

Concrètement, l'apprentissage est plus poussé, plus large, qu'en CAP cuisine. Du premier commis au chef-gérant en passant par le chef de partie, la taille et le type de restaurant vont déterminer (encore une fois) la fonction exercée ensuite. En revanche le client est plus lointain, ce qui peut être bénéfique pour certains. « Le service ce n'est pas trop mon truc, je n'ai pas assez confiance pour parler en face des gens, explique Amandine Maudet, 23 ans. Le bac pro [cuisine], c'est vraiment pour aller au bout des choses sur le plan technique. Pour devenir cuisinier, c'est évident comme voie. » Le choix entre l'un ou l'autre diplôme professionnel ne doit donc pas être pris à la légère.

« À mon époque, le parcours hôtelier était toujours varié, quel qu'il soit. Même quand on se spécialisait en cuisine, on avait tout de même un peu de service. Aujourd'hui, c'est très binaire. Le bac professionnel est vraiment scindé entre cuisine et service, alors que ça reste très imbriqué en bac technologique », met en perspective Régis Loeuillet, professeur en art culinaire. Les qualités requises en salle et en cuisine restent néanmoins proches : discipline personnelle, bonne présentation, capacité à travailler en équipe, souci de l'hygiène, endurance physique.

Deux programmes, un contrôle continu

Comme toujours au lycée, le cycle de formation dure trois ans après la troisième. De la seconde, où l'on choisit déjà sa spécialisation, à la terminale avec les épreuves du baccalauréat. Au programme, on retrouve des matières générales comme les mathématiques, le français, l'histoire-géo et l'éducation civique, l'économie-gestion, l'éducation physique et sportive, deux langues vivantes (dont une optionnelle), etc. Les coefficients sont faibles, de 1 à 2,5. Selon la jeune Amandine Maudet, le « côté enseignement plus général, c'est forcément le plus difficile. Il faut s'y mettre, même si c'est moins exigeant que pour un bac techno ou général ».

Tout se joue dans les matières professionnelles et spécifiques, aux coefficients parfois élevés. « Ce qui est pratique est clairement plus facile, déclare Amandine, qui a passé son bac pro en 2016. Comme on s'exerce énormément, ça vient naturellement. L'amour du métier aide pour l'épreuve professionnelle [coefficient 9] mais aussi pour des matières plus spécifiques comme la prévention santé environnement [coef. 1] et les sciences appliquées [coef. 1]. »

La structuration des épreuves est quasiment la même en baccalauréat professionnel services (CSR) ou cuisine, mais des enseignements diffèrent. Couteau à la main, vous apprenez la pratique professionnelle de coefficient 8, alors que serviette autour du bras, s'y substituent la communication et commercialisation ainsi que l'organisation et la mise en œuvre d'un service, tous deux de coefficient 4. « Mon conseil principal serait de travailler dès le début, les épreuves commencent en continu dès la seconde. » Notons que le taux de réussite est plus élevé en cuisine – 88,7 %, 4 148 admis en 2021 – qu'en services – 84,4 %, 3 106 admis.

L'épreuve du feu

De l'enseignement au passage de l'examen, il n'y a qu'un pas que nous avons franchi avec Anaïs Ledevin. Ce jour-là, cette lycéenne passait justement l'épreuve de l'organisation et mise en œuvre d'un service pour son baccalauréat du même nom. « On a en charge une table de quatre et une table de deux, soit un rang, avec un commis pour nous aider, car on n'a pas le droit de mettre les pieds en cuisine. C'est lui qui fait l'interface entre la cuisine et la salle », synthétise-t-elle dans les couloirs de son lycée pro, à 8 heures du matin. « Avant de débuter, on remplit quatre feuilles avec tout ce dont on a précisément besoin pour notre service : verres, fourchettes pour les clients, mais aussi planche à découper, couteaux pour nous. On a ensuite fait la mise en place, c'est-à-dire dressé les tables en intégralité. » Trois heures plus tard, direction la cantine pour prendre des forces. « L'épreuve en tant que telle s'étale de 12 heures à 14 heures. On a deux entrées, dont un gaspacho servi à la louche. Deux plats avec par exemple un poulet découpé devant le client, plus un plateau de fromages et deux desserts avec un flambage. Une fois que c'est fini, on doit tout nettoyer. » Le tout sous l'œil d'un examinateur et avec de véritables clients comme cobayes dans un immense restaurant d'application divisé en quatre salles. « On s'est entraînés auparavant, mais c'est toujours plus stressant le jour même », conclut Anaïs.

Trouver un stage

Dans la filière professionnelle du secondaire, le stage occupe une place centrale : de huit à douze semaines (deux à trois mois) par an, soit quasiment un quart à un tiers du temps total d'enseignement. Cela est logique, l'objectif étant d'entrer sur le marché du travail une fois le baccalauréat en poche – même s'il demeure possible, en théorie, de prolonger ses études dans l'hôtellerie. Les liens des lycées avec le monde professionnel régional sont forts, comme le rapporte avec fierté Éric Duszynski du lycée des métiers de l'hôtellerie Jean-Drouant. « Nous avons comme partenaires La Tour d'Argent, le Plaza Athenée ou Le Meurice. Nous travaillons aussi avec un très grand nombre d'entreprises en France et à l'étranger, certes moins prestigieuses, mais ce sont aussi des lieux très formateurs. »

Son confrère Marc Fourcadet, directeur délégué du lycée polyvalent Nicolas-Appert (44), va même plus loin. « Des propositions de stages, nous en recevons quotidiennement, le problème est que nous n'avons pas suffisamment d'élèves pour répondre à l'offre ! »

Les conseils restent les mêmes que pour l'alternance : s'y prendre tôt, cibler les entreprises, personnaliser la prise de contact, faire jouer son réseau. De plus en plus de lycées organisent même des forums de fin d'année pour les stages.

Varier les stages

Si l'alternant n'a qu'une seule entreprise, le stagiaire peut, lui, enchaîner les établissements. Profitez-en pour varier les plaisirs, de l'artisanal à l'industriel. Tentez le stage auquel vous n'auriez jamais pensé, « pas forcément un gastronomique pour un premier stage, plutôt une entreprise familiale qui aura du temps à vous consacrer », recommande Kelly Togbetse, 22 ans, passé par un lycée professionnel du Sud-Ouest.

Mais n'oubliez pas qu'un stagiaire constitue aussi « une main-d'œuvre gratuite » pour l'employeur, l'expérience peut donc tourner à l'aigre, comme le rapporte la Nantaise Clémence Argondicco. « Cela dépend des maisons, bien sûr, mais souvent les patrons considèrent que les stagiaires sont là pour éplucher les patates, ce qui peut dégoûter du métier. C'est pour ça que certains lycées refusent d'envoyer des stagiaires dans des entreprises considérées comme "à problèmes". » Vous avez l'embarras du choix, alors autant ne pas vous tromper.

CHAPITRE 3
LE NOUVEAU BAC TECHNOLOGIQUE DE L'HÔTELLERIE, PLUS GÉNÉRALISTE

Entré en vigueur en 2016, le nouveau baccalauréat technologique STHR (sciences et technologies de l'hôtellerie et de la restauration) a encore évolué en 2021. Des réformes qui ont généré des remous chez les enseignants. L'objectif fixé par le ministère de l'Éducation est limpide : « Construire un parcours scolaire conduisant notamment aux BTS du secteur (...) mais aussi préparer à des poursuites d'études universitaires de niveau supérieur. » Une étape dans la formation hôtelière donc, pas une fin en soi.

Hiérarchie des bacs

Pour saisir la différence entre bac professionnel et bac technologique, les stages sont un bon indicateur. Ramenés à quatre semaines (un mois) par an en filière technologique, ils ne représentent plus que 15 % de l'année scolaire. « La profession a voulu qu'il ne soit plus professionnalisant, comme tous les autres bacs technos. Après, il faut donc enchaîner avec un BTS, une licence à l'université ou un bachelor en école », cadre d'entrée Patrice Larrosa, proviseur adjoint du lycée Robert Wlérick (Mont-de-Marsan).

Ce qui entérine une hiérarchie de fait entre les deux diplômes, selon Clémence Argondicco. « Il y a toujours eu une vraie différenciation entre les élèves, voire de la discrimination. Dans mon lycée vendéen, les élèves portaient une veste blanche immonde en bac pro alors qu'en bac techno ils avaient de jolis blazers bleu marine et les narguaient en disant : "On sera vos patrons." » Un brin caricatural, mais loin d'être faux.

Un programme généraliste, des examens finaux

Le programme du bac STHR – encore couramment appelé « bac hôtellerie » – a une coloration très généraliste. Les enseignements spécialisés se répartissent entre trois pôles en première, puis terminale : gestion hôtelière, restauration et service. Pour le contrôle continu du baccalauréat, on trouve cinq matières généralistes principales : les mathématiques, la langue vivante A, la langue vivante B, l'histoire géographie et l'éducation physique et sportive (EPS), chacune de coefficient 6 sur les deux années. L'enseignement des spécialités en première compte lui pour un coefficient 8. Sans oublier le coefficient 1 de l'enseignement moral et civique.

En épreuves finales de la série STHR, il y a celles de français à l'écrit (coefficient 5) et à l'oral (5) comme pour la filière généraliste, en anticipées à la fin de l'année de première. En terminale, vous passerez l'examen écrit de philosophie (4), mais surtout trois épreuves majeures : celle d'économie et gestion hôtelière sur 4 h à l'écrit (coefficient 16) ; la pratique et l'écrit, de 6 h en tout, des sciences et technologies culinaires et des services – enseignement scientifique alimentation – environnement (16) ; et enfin l'oral de terminale de 20 minutes (16) durant lequel vous devez montrer votre maîtrise de la prise de parole en public et exposer votre projet de parcours d'études et/ou professionnel. Comme d'habitude, il faut afficher 10/20 minimum de moyenne finale pour obtenir son bac et 8/20 pour accéder aux rattrapages. En 2021, le taux de réussite global du bac STHR était de 96,8 % pour 2 189 bacheliers admis sur toute la France. Ce dernier chiffre étant stable depuis près de 30 ans.

Plutôt qu'un choix, la filière technologique est un non-choix. « J'avais envie de toucher aux trois "trucs" : hébergement, cuisine et service. C'est pour ça que j'ai choisi la filière technologique. Maintenant, je vais partir travailler un an sur un paquebot, avant de reprendre mes études », témoigne Melissa Henry, 24 ans aujourd'hui. Même son de cloche du côté de sa camarade Élise Penard, de un an sa cadette. « Je ne savais pas trop ce que je voulais choisir entre le service et la cuisine. Je me suis dit que j'allais prendre les deux pour pouvoir comparer. Pour l'instant je reste indécise, mais je pense à faire un BTS ensuite. » Pour se lancer complètement et immédiatement dans la vie active, le bac STHR est clairement une impasse.

Désuet, le public ?

Le lycée professionnel ou technologique français essuie régulièrement des critiques. Fabien Fresnel, doyen de la très ancienne et rutilante École hôtelière de Lausanne, en Suisse, a beau jeu de caricaturer « des enseignements qui ne sont plus du tout à la page. Quant aux moyens mis à disposition, c'est simple, il n'y a plus d'argent. Les travaux pratiques sont remplacés par des démonstrations, car on ne peut plus acheter assez de poulets ! ». C'est l'état d'esprit plus que les moyens qui est en cause, nuance l'ancienne lycéenne Clémence Argondicco. « La découpe avec le guéridon, le flambage ou le pelage de fruit devant le client, c'est infernal. D'accord, c'est le service à la française, mais seulement un élève sur dix fera du gastronomique. Tout ça, c'est trop ! Ce savoir-faire, il faut le renouveler. »

Reste que le public a de sérieux atouts. D'abord, les établissements sont intrinsèquement accessibles à tous. La demande d'affectation se fait en fin de collège, en troisième, *via* la procédure Affelnet. Ensuite, l'enseignement est gratuit, « à part la tenue et la mallette de services, il n'y a rien à payer chez nous », synthétise Éric Duszynski, du lycée des métiers de l'hôtellerie parisien Jean-Drouant. Un attirail dont le coût est d'environ 500 € par an, de la seconde à la terminale. Une aide étatique automatique à l'achat des premiers équipements existe, à hauteur de 341,71 €. Vous devez être boursier pour la toucher en une seule fois avec le versement du premier trimestre de bourse. « Ce qui est aussi intéressant, c'est qu'une fois dans un lycée hôtelier, toutes les passerelles sont possibles pour changer de métier et de savoir-faire. » Quant aux enseignants, ce sont très majoritairement des passionnés, à l'image de leurs élèves.

POUR EN SAVOIR PLUS

Lisez « Tout pour choisir son lycée et utiliser Affelnet » sur le site de l'Etudiant, www.letudiant.fr/lycee/seconde/tout-pour-choisir-son-lycee-et-utiliser-affelnet-18424.html

Proximité géographique

Toujours plus de lycées organisent des portes ouvertes, voire des « journées découvertes » ou des « ministages ». Ces initiations permettent de se mettre dans la peau d'un lycéen en hôtellerie pendant quelques heures. Les restaurants d'application ouverts au public sont également une bonne porte d'entrée. Moyennant une quinzaine d'euros en général, ils permettent de voir les élèves en action… et accessoirement de manger un bon repas.

« Lycée des métiers », un gage de qualité

D'abord simple décret datant de 2005, le label « lycée des métiers » a été intégré au Code de l'éducation en 2016. Concrètement, les 883 établissements labellisés à ce jour en France – dont 99 proposent donc une formation hôtelière – doivent « répondre à un cahier des charges académique » et « [mettre] en œuvre une démarche d'amélioration continue », selon le ministère de l'Éducation nationale, qui le délivre pour cinq ans. Dans le détail, pour ce qui intéresse les élèves : une solide offre de formations professionnelles, des partenariats avec le tissu économique local, une ouverture à l'international, un accueil de tous les publics (élèves handicapés par exemple), actions culturelles, etc. Un gage de qualité et d'une certaine uniformité de l'enseignement d'une région à l'autre.

Comme pour les CFA, la proximité géographique a son importance. Le territoire français est harmonieusement couvert par les 164 lycées dont 99 sont labellisés lycées des métiers qui enseignent l'hôtellerie. Interrogés pour ce livre, les élèves répètent en boucle « c'est à côté de chez mes parents » ou « je suis de la région ». Les internes sont souvent originaires des départements limitrophes quand les externes habitent la ville.

POUR EN SAVOIR PLUS

La liste complète des lycées des métiers sur le site du ministère de l'Éducation nationale, http://eduscol.education.fr/cid47596/label-lycee-des-metiers.html

Classement officieux

Un classement officieux des établissements par région existe cependant. Écoutons Élise Penard, lycéenne en bac STHR à Nantes, « Je viens du centre de la Bretagne, donc ici c'était le meilleur rapport qualité/proximité. Il y avait celui de Dinard [35], mais il est très demandé et c'est difficile d'y entrer. » Chaque région de France a ainsi des têtes de pont comme le lycée Alexandre-Dumas d'Illkirch (67) dans l'Est, le lycée Georges-Frêche (34) dans le Sud, celui de Guyancourt (78) en Île-de-France ou du Gosier (Guadeloupe) dans les outres-mer... Généralement, le ratio y est de 2,5 candidats pour un admis.

POUR EN SAVOIR PLUS

Découvrez le palmarès des lycées hôteliers de l'Etudiant, https://www.letudiant.fr/palmares/classement-lycees/hotellerie.html

« C'est la réputation qui va faire l'orientation, éclaire Clémence Argondicco, 28 ans aujourd'hui. À la fin de ma troisième, j'étais une élève moyenne et en fonction de mes notes, mes professeurs m'ont dirigée dans un lycée hôtelier moyen. » N'en faites pas une obsession pour autant. Réussir sa vie professionnelle dans la foulée de n'importe quel lycée hôtelier est à portée de main. Clémence a exercé comme pâtissière dans le laboratoire des productions des très courus salons de thé Debotté (Nantes), suite à une mention complémentaire (MC).

CHAPITRE 4

LA MENTION COMPLÉMENTAIRE, UN PLUS APPRÉCIÉ

Qui a déjà entendu parler de la mention complémentaire ? La moins connue des formations du niveau secondaire n'est pas la moins enrichissante. Accessible aux titulaires d'un premier diplôme de l'enseignement professionnel ou technologique en hôtellerie, elle vise à donner une qualification (très) spécialisée. Tour d'horizon.

Dix spécialisations, 400 heures

La MC, c'est la suite logique à un bac pro ou techno par exemple, à ne pas confondre avec le BEP, désormais disparu (voir encadré p. 65). On compte en tout 54 spécialités en MC, options comprises, dont 10 en hôtellerie-restauration. L'examen comporte toujours trois épreuves professionnelles avec un mode d'évaluation en épreuves finales ou par contrôle en cours de formation. Pour l'obtenir, la moyenne générale finale doit être égale ou supérieure à 10/20. Une cinquantaine d'établissements proposent des MC dans l'Hexagone, sur un format d'enseignement de 400 heures au minimum sur un an. Avertissement, suivant les cas, ce sont des certifications de niveau V ou parfois de niveau IV, donc pas toujours accessibles aux titulaires de CAP (niveau V). Côté cuisine, on trouve art de la cuisine allégée, cuisinier en desserts de restaurant, pâtisserie boulangère, boulangerie spécialisée et pâtisserie-glacerie-chocolaterie-confiserie spécialisées. Côté salle, accueil réception, employé barman, employé traiteur, organisateur de réceptions, sommellerie.

Repose en paix, BEP

Depuis 2009, le BEP (niveau V) avait perdu son statut de formation initiale débouchant sur un diplôme autonome. Amandine Maudet, 22 ans et passée par un bac pro, résume bien la situation : « On passait le brevet pour être sûr d'avoir un premier diplôme, voilà tout. » Après avoir donc vivoté pendant 10 ans comme « une étape dans le cursus du baccalauréat professionnel en trois ans », selon le ministère de l'Éducation nationale, le BEP a été abrogé à la rentrée 2021 au profit du bac pro. Triste manière de fêter son demi-siècle d'existence alors qu'on recensait deux spécialités en hôtellerie-restauration, production culinaire et production de services, dans l'éventail des 47 proposées. Beaucoup de professionnels et d'étudiants du secteur restent néanmoins attachés eu BEP et le mentionnent avec fierté sur leur CV. Le syndicat d'enseignants Snuep-FSU critique d'ailleurs la contradiction de supprimer un diplôme « encore reconnu dans nombre de conventions collectives, en particulier pour le remplacer par une attestation non qualifiante qui ne sécurisera en rien les parcours des élèves et pourra, *a contrario*, être utilisée à des fins dévoyées par les employeurs. »

Plongée dans une branche

Jean-Christophe Blandin est justement le professeur responsable de la mention sommellerie au lycée polyvalent Nicolas-Appert (44). Il a formé près de 400 jeunes sommeliers en vingt ans. Quelle est l'utilité de ce diplôme, préparé ici par une dizaine d'élèves chaque année ? « C'est pour entrer dans un monde, la sommellerie, qui présente beaucoup d'attraits. C'est aussi une initiation concrète pour les élèves, avec trois mois de stages auprès de vignerons, de cavistes et de restaurateurs, au lieu de s'en tenir à des savoirs livresques. Ils vont utiliser les matériaux et découvrir toute la chaîne, de la grappe de raisins jusqu'au verre de vin. »

Les besoins professionnels en France comme à l'étranger sont importants et Jean-Christophe reconnaît « qu'il n'y a même pas assez d'élèves » pour les satisfaire. Autre MC très recherchée dans le secteur, accueil réception, qui permet de devenir réceptionniste dans un hôtel. Chaque mention facilite l'accès à une branche spécifique du secteur. « Il faut faire attention au moment de choisir, avertit Clémence Argondicco. Dans mon cas, c'était une mention pâtisserie-chocolaterie-glacerie-confiserie, ce qui est très différent de desserts de restaurant par exemple. Dans le premier cas, on peut travailler en boulangerie ensuite, pas dans de second. »

De prébac à postbac

Initialement, les mentions complémentaires servaient à perfectionner la formation des élèves de BEP ou de CAP, après le collège. Désormais, elles sont plébiscitées par les bacheliers, à la fin du lycée. « Les jeunes qui sortent entre 16 et 18 ans avec un bac professionnel en poche ont une vraie difficulté à commencer à travailler immédiatement. Les employeurs sont en général assez frileux à les embaucher, même quand ils le peuvent légalement. C'est pour cette raison que nous poussons ces élèves à suivre une mention complémentaire qui dure un an et leur permet d'atteindre la majorité », élucide Marc Fourcadet, avec sa longue expérience dans l'enseignement hôtelier.

Arrivé aujourd'hui à maturité, l'apprentissage prodigué au sein des mentions complémentaires n'a rien à envier à certaines spécialités enseignées dans les écoles hôtelières privées. Même après le bac, les étudiants se tournent désormais vers ces mentions, qui affichent de 85 à 90 % de réussite chaque année. BTS (bac+2, niveau III) en poche par exemple, c'est un levier supplémentaire pour accéder à des emplois ciblés et tenter sa chance dans les concours d'excellence.

CHAPITRE 5
UN BTS MANAGEMENT EN HÔTELLERIE-RESTAURATION COTÉ

Disons-le d'entrée, le BTS management hôtellerie-restauration (niveau III) est victime de son succès au lycée hôtelier comme en école hôtelière. Étalé sur deux ans après le bac, il se décline désormais en trois options après une année en tronc commun. L'objectif ? Préparer à des fonctions d'encadrement ou de direction dans des hôtels, restaurants, commerce, etc. Un palier supplémentaire à franchir, teinté d'international qui ouvre les portes à l'*hospitality management*.

L'effet *Top chef*

Avec l'allongement des études, le BTS (bac+2) s'est transformé en diplôme-référence de l'hôtellerie. Marc Fourcadet, qui codirige le lycée Nicolas-Appert (44), décortique cette évolution récente. « Quand je suis entré en lycée professionnel, il y a quarante ans, nous étions tous issus du sérail, des fils ou des filles de restaurateurs, d'hôteliers ou de petits commerçants. Aujourd'hui, avec les émissions de télévision, les sites internet, les réseaux sociaux, les livres, le nombre de candidatures s'est démultiplié sur le BTS. Nous sommes très demandés. L'assurance de trouver un emploi au bout joue aussi énormément. » Quatre ou cinq étudiants candidatent chez lui pour un admis.

L'orientation après le baccalauréat offre une visibilité importante au BTS management en hôtellerie-restauration. Priorité est donnée aux titulaires du bac pro et surtout du bac techno qui peuvent y accéder directement *via* la plateforme de vœux Parcoursup. « Le BTS est une suite logique au bac technologique. On a même des élèves qui ont fait un bac général qui y viennent », atteste Régis Loeuillet, professeur de techniques culinaires.

Pour combler la différence de niveau technique, les « généralistes » bénéficient d'une année de mise à niveau, avec moult cours pratiques, suivie des deux années habituelles du brevet. Le petit bain avant le grand bain, en quelque sorte.

POUR EN SAVOIR PLUS

Perdu sur Parcoursup ? Voici une planche de salut : Bruno Magliulo, *S.O.S. Parcoursup*, L'Etudiant éditions, 2022 ou Bruno Magliulo, *Parcoursup je gère !*, L'Etudiant éditions, 2022.

Exigence supérieure

Car la formation n'a rien d'une balade tranquille. Charles-Henri Moëc a obtenu son BTS option B (voir ci-dessous) à l'école Ferrandi de Paris. « On est dans la continuité du bac, mais il y a un grand écart de niveau. Au bac, on peut s'en sortir avec des notes moyennes en théorique et de meilleures en pratique. En BTS, il faut des bonnes notes partout. L'exigence, notamment théorique, est beaucoup plus élevée : législation, mathématiques avec le solde de tout compte par exemple. Mais c'est ce qu'il faut savoir pour avoir des responsabilités et fonder sa société. »

À ce niveau, la passion est la condition de la réussite, selon le jeune homme. Ce sont en effet des postes d'encadrement, et non de simples exécutants, qui sont visés à la sortie : chef de réception, directeur d'hébergement, parfois même gérant d'hôtel. Chef de cuisine, directeur de la restauration, quelques fois directeur d'un restaurant... Tout dépend de la taille, de la nature et du prestige de l'établissement. S'ouvre aussi la possibilité de démarrer (facilement) son affaire, comme évoqué par Charles-Henri. Le taux de réussite est élevé à environ 90 % chaque été, voire au-delà (lire aussi la partie 1, page 13).

Option A, B ou C

La première année se suit en tronc commun, pour acquérir les bases en cuisine, service et hébergement, ainsi que pour développer une certaine polyvalence. L'élève a désormais le choix en deuxième année entre trois options, contre deux auparavant : management d'unité de restauration (option A), management d'unité de production culinaire (option B) ou management d'unité d'hébergement (option C). Un tiers des enseignements sont généraux – français, deux langues étrangères, économie, droit –, deux tiers sont technologiques sous forme de travaux pratiques. Un stage de 16 semaines, dont 12 consécutives, est à effectuer dans l'année.

– En A, on approfondit les techniques du service en restaurant, la sommellerie, la gestion des stocks et d'une équipe.

– En B, on apprend à maîtriser toutes les techniques culinaires, jusqu'au gastronomique et aux desserts ainsi que l'approvisionnement des aliments et le management d'une brigade.

– En C, on s'attaque à la création ou la reprise d'entreprise mais aussi à la gestion du personnel, des clients, du marketing, des réseaux sociaux. Une partie de l'enseignement s'effectue en anglais.

« Il faut déjà avoir un très bon niveau technique classique pour aborder l'apprentissage de la cuisine moderne », commente Kelly Togbetse, qui termine un BTS option B. L'étudiant ne croit pas si bien dire. L'enseignement est très exigeant sur le plan pratique : seize semaines minimum (quatre à cinq mois de stages) dont 12 obligatoirement consécutives entre la première et la deuxième année. Tout ou partie peut être réalisé à l'étranger, le BTS hôtellerie ayant une vocation d'ouverture internationale. Au lycée Jean-Drouant (Paris) par exemple, plus de 40 % des élèves font ce choix !

PARTIE 3

LES ÉCOLES PRIVÉES, EN ROUTE VERS L'EXCELLENCE

Après un lycée des métiers ou un lycée général, baccalauréat en bandoulière, s'ouvre la voie royale, mais semée d'embûches, des onéreuses écoles hôtelières. Un terme largement répandu, le lycée hôtelier de Thonon-les-Bains (74) étant connu sous le nom d'école hôtelière Savoie-Léman, par exemple. Nous ausculterons bien ici les établissements d'enseignement supérieur, quasiment exclusivement privés, prodiguant des bachelors (bac+3, niveau II) ou masters (bac+5, niveau I) d'excellence en hôtellerie, en salle comme en cuisine, en gestion comme en réalisation. Cette liste comprend une trentaine d'écoles privées, ainsi que deux écoles publiques. Majoritairement françaises et suisses, on en retrouve aussi dans plus de 30 pays, souvent sous forme d'antennes. Un indicateur qui confirme la généralisation du modèle de l'école-monde. Voici votre boussole pour ne pas perdre le nord.

CHAPITRES

CHAPITRE 1
DU DOSSIER À L'ESSAI : LES PROCESSUS D'ADMISSION

Les processus d'admission en école hôtelière sont variables : dossier, concours, entretien(s), journée(s) d'essai, etc. Deux tendances cohabitent, soit la prime est donnée aux bulletins scolaires, soit au parcours/projet personnel. Dans tous les cas, l'entrée est très sélective, on dénombre en général trois candidats pour un admis et les écoles les plus prestigieuses souhaitent tendre vers un ratio de dix pour un.

Un épais dossier de candidature

Commençons par le commencement, le dossier de candidature. Beaucoup d'écoles hôtelières organisent deux rentrées. L'une calée sur l'année universitaire, en septembre-octobre, l'autre sur l'année civile, en janvier-février. Veillez à vous renseigner sur la date limite de dépôt des dossiers, en général six mois avant le début des cours. À l'école de Savignac (33), par exemple, l'envoi du dossier doit se faire avant la fin mai pour une rentrée à la mi-septembre en bachelor international en management hôtelier. Prévoyez de la marge, certains établissements, à l'image de l'école hôtelière d'Avignon (84), complexifient la préinscription en ligne avec envoi chez vous d'un dossier à retourner ensuite.

Le pli en lui-même est en général assez épais. Il comprend toujours un formulaire de base, de deux à dix pages, avec description détaillée de votre cursus scolaire, de vos expériences professionnelles voire de vos compétences détaillées en langues, en informatique, etc. On remarquera que la ligne « numéro de compte en banque » y est souvent en bonne place. Nous y reviendrons. Précisons que certaines écoles font payer une simple candidature jusqu'à 200 € (et ce n'est que le début).

Les documents à joindre ensuite sont divers et variés : CV à jour, diplôme d'études secondaires (dès que vous l'avez), certifications en langues étrangères, copies de bulletins scolaires, certificats de travail, lettre de motivation (manuscrite), recommandations, rédaction, permis de séjour (hors UE), etc.

Les notes dans tout ça

Nous l'avons vu, un dossier scolaire moyen voire médiocre n'empêche pas des études dans l'hôtellerie, mais ferme certaines portes. « Notre processus d'admission ne repose pas uniquement sur le dossier, mais la note minimale à décrocher au bac est de 14 sur 20 et un TOEFL à plus de 800 points, soit un anglais quasiment courant, est nécessaire. Des candidats sortent ainsi rapidement du lot », dit sans prendre de gants Michel Rochat, directeur général de l'École hôtelière de Lausanne (Suisse), la plus ancienne au monde.

Un premier filtre, qui permet d'éliminer plus que de sélectionner. Mais qui n'est pas apposé partout, comme le fait valoir son confrère de l'École hôtelière de Genève, Christophe Penot : « S'il y a eu des soucis scolaires, on ne veut pas que cela barre une candidature. Ce qui est important pour nous est que le candidat affiche cette motivation fondamentale : "J'ai envie d'être dans les métiers de services, je veux cuisiner à tel endroit." Nous sommes un peu à l'opposé de ce qui peut se faire souvent en France, nous voulons des étudiants qui affichent avant tout un parcours de vie. »

Cette sélection par les bulletins de notes sera moins clairement affichée de ce côté-là de la frontière – à l'image des classements officieux de lycées hôteliers ou de CFA d'ailleurs. Les directions d'établissements français les scrutent sans l'assumer pleinement, pour ne pas mettre à mal l'idée d'égalité des chances entre candidats.

Dans tous les cas, le minimum requis est le baccalauréat, qu'il soit professionnel/technologique en hôtellerie ou général. « Un bac à couleur scientifique, cela reste très général. La rigueur du travail s'apprend là, dans l'école hôtelière », pointe François Stefanini, 25 ans, qui termine un bachelor management hôtellerie et restauration dans l'Est. Être majeur peut être conseillé, si ce n'est requis, suivant l'établissement (lire aussi la partie 2).

Examens de base

Bérengère Bulgheresi-Descuilhes, 29 ans, se remémore son admission à l'école hôtelière Vatel de Bordeaux, il y a dix ans. « J'ai envoyé un dossier de candidature, puis répondu à des questionnaires lors de devoirs sur table et ensuite passé des entretiens. Ça reste relativement simple. » Que ce soit en Gironde, à Nimes, Lyon ou Paris, les « campus » de Vatel, sont réputés pour sélectionner par les devoirs sur table. Semblables dans les autres écoles, ils y sont aussi généralement plus secondaires. En quoi consistent-ils ? Des QCM (questionnaires à choix multiples) de langues, de mathématiques, de français ou de personnalité.

Rien de très compliqué quoi qu'il en soit, mais chaque détail compte, évitez de venir en jeans-baskets par exemple. C'est plutôt un bon test de motivation, selon Bérengère. « Je conseillerais aux candidats de se demander si c'est vraiment [l'hôtellerie-restauration] qui les passionne et de rester naturels lors des sélections. Beaucoup d'étudiants dans ma promotion étaient là par défaut et par dépit, sans vraiment vouloir travailler dans l'hôtellerie ensuite. Même si on retrouve ce phénomène dans toutes les filières, c'est un peu triste. » Ce point est déterminant, au moment d'une journée d'admission par exemple.

Une journée d'admission, rare

Quelques écoles vont en effet plus loin pour trier les candidatures. C'est la « journée d'admission » ou « journée d'essai » à ne pas confondre avec les journées portes ouvertes et autres ministages de découverte. Outre les classiques examens sur table, « il y a toute une batterie de tests et des jeux de rôles. Un cas par exemple, vous êtes réceptionniste dans un hôtel, en face de vous arrive un client avec un chien, alors que les chiens sont interdits dans l'établissement. On regarde quelle est la première réaction de l'étudiant... », image Michel Rochat, P-DG du groupe EHL.

Une méthode inspirée des écoles de commerce ou d'ingénieurs, mais qui reste néanmoins rare, car il faut pouvoir l'organiser à grande échelle. Avantage primaire pour l'école, l'image d'un recrutement basé sur un potentiel pratique, « vous n'avez pas choisi l'école, c'est l'école qui vous a choisi », répète à ses élèves Michel Rochat. Avantage collatéral pour le candidat, la possibilité de faire ses preuves au-delà d'un CV ou d'un dossier scolaire.

Entretien à prendre au sérieux

Généralisé, l'entretien s'avère souvent primordial, il peut durer une quinzaine de minutes et porter sur des notions d'hôtellerie. Ou parfois bien plus longtemps, comme le raconte le directeur de l'Institut Paul Bocuse, Dominique Giraudier. « Chaque étudiant est quasiment reçu pendant deux ou trois heures. Cet entretien va permettre de nous convaincre que nous pouvons l'accompagner pour réaliser une passion qu'il porte en lui. C'est une détection de la personnalité de l'individu, mais aussi de son degré de motivation pour rejoindre des métiers difficiles. »

Les parcours atypiques sont à ce moment précis une force plus qu'une faiblesse. Matthieu Legal a par exemple abandonné ses études d'éco-gestion en troisième année de licence pour entrer de plain-pied dans la restauration. « J'ai envoyé un dossier, puis j'ai passé l'entretien qui s'est très bien déroulé pour moi puisque j'ai reçu une réponse positive. L'École Ferrandi [à Paris] correspondait bien à mon projet de création d'entreprise », explique le jeune homme. Rencontrer physiquement le jury d'entrée est paradoxalement plus gratifiant. « L'appel téléphonique, la réponse par courrier puis enfin l'entrevue *de visu*, comme à Glion [Suisse], c'est un peu raide », témoigne Marie-Emmanuelle Paziot, qui a candidaté à trois écoles. Dramatiser ou sur-préparer les entretiens n'a pas de sens, les prendre au sérieux, si.

CHAPITRE 2
LA JUNGLE DES FRAIS ET AIDES AUX ÉTUDES

Un cursus d'excellence en école hôtelière coûte cher, parfois même très cher. De 0 à 175 000 € pour un bachelor (bac+3, niveau IV) sur trois ou quatre ans, plus onéreux à l'étranger. Dans ces conditions, il est toujours plus facile de se lancer « avec l'aide de papa-maman ». Bourses, prêts, stages rémunérés, boulots en extra, établissements moins chers, d'autres solutions existent cependant pour financer ses études.

Moins cher et plus opaque en France

Tout juste majeur au lycée, Kelly Togbetse était déjà un grand gaillard. Tenue de commis sur le dos, chaussures de cuisine aux pieds, il avait alors une envie : « Je pensais aller à [l'école] Ferrandi ou ailleurs, tout simplement parce que ce sont de bons lieux d'apprentissage, mais c'est vrai que c'est cher. » Phrase simple qui suscitait les gloussements de ses camarades. Pour nombre d'élèves, les écoles hôtelières sont un monde inaccessible. « C'est juste hors de prix. Si j'avais eu l'argent, peut-être que j'aurais tenté ma chance, c'est tout ce que je peux dire… », se désole la pâtissière de formation Clémence Argondicco, de huit ans son aînée.

Comment leur donner tort ? En France, le montant moyen de la scolarité se situe aux alentours de 40 000 € pour suivre un bachelor sur trois ans. De 18 700 € – soit 6 200 € par an environ – à l'école Tunon (Paris ou ailleurs) jusqu'à 55 200 € – soit 18 400 € par an – du côté de l'école Ferrières (Ferrières-en-Brie, 77) (lire aussi la partie 1 page 13) qui a ouvert en 2014 dans son château du XIXe siècle. La dernière née est cependant l'École Ducasse, qui propose des bachelors en pâtisserie française ou en culinary arts depuis 2017 à respectivement Yssingeaux (43) et Paris pour 37 900 € – 12 600 € par an.

Ces tarifs n'incluent pas les frais d'équipement, de la mallette à l'uniforme, qui tournent autour de 400 à 500 €. Certaines écoles facturent même des droits d'inscription supplémentaires de 200 à 400 €. Sans compter la sécurité sociale, les repas ou le logement. Des coûts d'études parfois (très) difficiles à trouver sur les sites internet des établissements français. Soyez persévérant, n'hésitez pas à demander. Ils restent cependant bien en deçà de ce qui se pratique hors de l'Hexagone.

Écoles hôtelières de Paris et de Savoie-Léman, les exceptions

Les statuts des écoles hôtelières sont hétérogènes. Certaines sont adossées à la profession comme celle d'Avignon ou de Genève. « Nous avons vocation à répondre aux besoins du marché et de l'industrie helvétique, dans l'hôtellerie, la restauration, sur tous les terrains », égrène Christophe Penot, en charge du marketing à cette dernière. D'autres sont rattachées à des universités comme PolyU (Université polytechnique de Hong Kong, Chine) ou Cornell (États-Unis).

On peut néanmoins quasiment toutes les qualifier de privées à but non lucratif, que ce soit au niveau de la forme juridique ou/et du fonctionnement de fond. Quelques-unes se qualifient même de « groupe » (Lausanne, Vatel) et ont à leur tête un « président-directeur général ». Pour donner un ordre de grandeur, le groupe EHL dépasse les 100 millions d'euros annuels de chiffre d'affaires.

Dans cet environnement, l'École hôtelière de Paris – lycée des métiers de l'hôtellerie Jean-Drouant – et l'École hôtelière Savoie-Léman – lycée hôtelier Savoie-Léman –, installées respectivement en 1932 et 1917, font figure d'exception. Ce sont des établissements publics donc gratuits comme tout lycée (lire aussi la partie 2, page 45), mais avec l'excellence, matérielle comme humaine, d'écoles hôtelières privées. Des figures locales ont concouru à leur création : d'un côté des restaurateurs parisiens, de l'autre les hôteliers des thermes. Des liens qui restent forts aujourd'hui, énonce fièrement Michel Ryckebusch, proviseur à Jean-Drouant : « Les élèves côtoient de nombreux chefs, parfois de renom, voient se dérouler plein de concours, du MOF à la Cuillère d'or. Ils ont même la chance d'aider à l'organisation de ces épreuves, de travailler en cuisine avec ces grands professionnels. Nombre de nos étudiants ont eux aussi essaimé à travers le monde dans les établissements les plus renommés. » Signe qui ne trompe pas, toutes formations confondues, on compte une place pour à peu près quatre candidats dans les deux établissements.

Plus cher et transparent à l'étranger

Des brochures soignées avec des grilles détaillées ponctuées de tarifs tout inclus. Dans les écoles suisses, ou même en Espagne ou à Hong Kong, la transparence est de mise. Ces sommes donnent le tournis aussi. 174 818 € – soit 58 273 € par an – pour un bachelor en quatre ans à l'EHL. En moyenne, préparer un diplôme de ce niveau à l'étranger coûte 100 000 €. En bas de l'échelle, l'Hotelschool de La Haye (Pays-Bas) est une exception un peu « bon marché » avec 32 430 € sur quatre ans – soit 10 810 € par an.

À noter que toutes les écoles étrangères pratiquent une tarification à plusieurs vitesses, du moins cher au plus cher, que vous soyez étudiant de la région, du pays, de l'Union européenne, etc. « L'excellence a un prix », répondent en cœur les directeurs d'établissements ; « Ce sont des études chères, c'est sûr, mais pourquoi ? Parce qu'on est obligé d'avoir des professionnels, au niveau de nos équipes, ce sont environ trente chefs à plein temps », se défend Dominique Giraudier, directeur général de l'Institut Paul Bocuse de Lyon, en écho à ses homologues suisses. Moins avouable, la concurrence internationale féroce entre écoles, notamment au niveau marketing, qui tire implacablement les tarifs vers le haut.

Du haut de l'École hôtelière de Lausanne, nichée à 900 mètres face au Léman et le massif du Chablais, le P-DG Michel Rochat le reconnaît à demi-mot. « Je pars du principe que le marché est tellement vaste qu'il y a de la place pour tout le monde sur ces formations et qu'il y a surtout beaucoup de places pour les étudiants. Mais en même temps le nombre d'écoles [hôtelières] est restreint. » Son objectif, clair, est d'atteindre dans son établissement le ratio de 10 candidats pour un reçu...

Des bourses d'excellence

Que faire si l'on a l'envie, mais pas le porte-monnaie ? La réponse des directions peut prendre la forme – mais c'est loin d'être systématique – des bourses d'excellence. « Un candidat exceptionnel peut présenter son dossier, décrypte Dominique Giraudier, directeur de l'Institut Paul Bocuse. On exigera en contrepartie qu'il finance un tiers de ses études, les deux tiers restants étant pris en charge par nous et des sponsors. Sur une promotion de 150 étudiants par an environ, une vingtaine de candidats peuvent intégrer l'Institut *via* ce dispositif. »

Soit 15 % de boursiers, ce qui est beaucoup pour une école hôtelière, mais peu comparé aux universités françaises (environ 30 % de boursiers). D'autant que les bourses ne couvrent pas l'ensemble des frais de scolarité. L'École Ferrières, dernière installée en 2014, a également un fonds de dotation qui finance un tiers des études sur trois ans sous trois conditions : ordre de l'inscription, revenus des parents et qualité du dossier de candidature.

À l'étranger, des systèmes d'aides publiques par l'intermédiaire de fondations existent. Cependant, comme en Suisse, il peut être réservé aux nationaux ou aux résidents depuis plus deux ans. « Le système des bourses de canton est très performant, explique Christophe Penot, professeur experimenté à l'École hôtelière de Genève, mais attention, elles ne sont versées que si vous obtenez votre diplôme. » Soulignons que l'ITHQ (Institut de tourisme et d'hôtellerie du Québec), au Canada, propose par exemple une gamme fournie de 21 aides pécuniaires.

Prêts limités garantis par l'État

Calqué sur ce qui règne depuis longtemps dans les universités anglosaxonnes, on repère aussi des prêts dans cet univers des frais onéreux des écoles hôtelières. Toujours une aide, mais temporaire, avec une logique de remboursement échelonné. Pour les étudiants français, les prêts sont garantis par l'État auprès des banques jusqu'à concurrence de 20 000 € désormais – le montant moyen est de 10 000 €. Cependant ils ne sont octroyés que par cinq établissements bancaires ayant signé un accord avec l'État français : Banques populaires, Caisses d'épargne, CIC, Crédit mutuel et Société générale.

Le remboursement, qui débute deux années après la fin des études, dure en moyenne six ans. Le risque de défaillance est garanti par l'État à hauteur de 70 %, mais le taux d'intérêt comme l'acceptation du dossier restent à la discrétion de la banque. Il ne s'agit donc en rien d'un prêt à taux zéro, car il oscille en général entre 0,5 et 3 % et le montant demeure faible au regard du coût final des études hôtelières. Les écoles, particulièrement à l'étranger, ont beau jeu de renvoyer vers cette (petite) aide publique française. Ce que fait l'EHL à titre d'exemple, alors que moins de deux étudiants sur 100 y sont aidés. Financer ses études uniquement par les bourses ou les prêts, si vous arrivez à en obtenir, est impossible. Monter un plan de financement multisources est nécessaire.

POUR EN SAVOIR PLUS

La page gouvernementale dédiée, https://www.etudiant.gouv.fr/fr/pret-etudiant-garanti-par-l-etat-1723

Stages bien rémunérés en Suisse

L'hôtellerie-restauration a toujours un fort besoin de main-d'œuvre, ce qui peut constituer une source d'argent non-négligeable. Prenons l'exemple d'Angelica Fraser, 23 ans, étudiante à Genève en bachelor généraliste qui coûte 75 175 € sur trois ans. Avant de débuter ses études, elle a mis de l'argent de côté (9 000 €) grâce à des stages et des cours donnés ici et là. Pour le reste, ce sont ses parents qui payent, « mais j'ai l'intention de rembourser avec mes stages et mes deux-trois premières années dans la vie active où je vais continuer à habiter chez eux. Je tiens à payer par moi-même », explique la maître d'hôtel en herbe.

Chez les Helvètes, un stage est rémunéré au minimum l'équivalent de 2 030 € nets par mois pour quarante-deux heures de travail – soit quasiment 13 € en salaire horaire. C'est une convention de l'Hôtellerie Suisse qui encadre les salaires, et non la loi. Cela peut paraître rémunérateur, mais le coût de la vie en Suisse est l'un des plus hauts au monde – ce qui explique aussi la cherté des études. Au sud du lac Léman, en France, on parle de gratification lorsque la présence du stagiaire dans l'entreprise est supérieure à deux mois (article L 612-11 du Code de l'éducation). En 2022, elle est fixée par la loi française à minimum 514 € par mois – soit 3,90 € de l'heure. De quoi emmagasiner de l'expérience, pas forcément de remplir son compte en banque et financer ses études.

Le bon plan des extras

Pour s'adapter à la saisonnalité, restaurants et hôtels sont autorisés à faire usage du contrat d'extra, c'est-à-dire un contrat de travail à durée déterminée spécial. Particulièrement court, il dure quelques heures, une soirée, une journée entière, voire plusieurs jours de suite (mais jamais plus de soixante jours en un trimestre). Le recours aux extras est très souvent pratiqué dans les réceptions par les traiteurs, par les restaurants et hôtels en période de « chaud » ou dans les établissements de bord de mer ou de montagne en saison. « Mes parents financent une partie de mes études, pour le reste, je travaille le week-end ou en vacances dans des cuisines de la région lyonnaise », explique Ruijun Sun, diplômée d'un bachelor.

Travailler en saison

« Mes journées diffèrent suivant que l'on soit hors saison ou en saison », trace d'emblée Bérengère Bulgheresi-Descuilhes, cofondatrice de La conciergerie du Cap (33), qui déroule ensuite un emploi du temps bien chargé. « L'été, je me lève tôt le matin, à 6 heures, pour des livraisons de petits déjeuners à 8 heures chez les clients. Ensuite, je passe beaucoup de temps à répondre aux demandes des gens par téléphone, à trouver les solutions les plus proches possibles de leurs attentes. Ce qui peut être parfois compliqué, car si une femme de ménage fait faux bond, c'est moi qui vais faire le ménage. Le midi, pour le déjeuner, on se rend à nouveau chez les clients pour leur cuisiner un repas, la plupart du temps à partir des petites courses qu'ils aiment bien faire sur le marché. L'après-midi, je repasse à nouveau beaucoup de temps au téléphone. Et le soir, c'est à nouveau l'heure de préparer des dîners... ou de remplacer la baby-sitter qui n'est pas venue. À ce moment-là, le traiteur pour le jour suivant doit déjà être calé. » Une activité chronophage, qui nécessite l'embauche régulière d'extras, parfois à la dernière minute, pour faire face à la demande.

Les extras sont une (bonne) manière de multiplier les rencontres professionnelles en touchant un vrai salaire. En général, le tarif horaire extra en hôtellerie-restauration varie de 10 à 15 € net en moyenne pour les serveurs, et de 15 à 20 € pour les cuisiniers, en France. Des sites internet spécialisés dans la mise en relation entre salariés et employeurs pullulent depuis quelques années, la plupart du temps, on peut y proposer ses services gratuitement. Sinon, de nombreux établissements passent désormais par les réseaux sociaux en plus d'annonces sur leur devanture.

POUR EN SAVOIR PLUS

Parcourez diverses plateformes, *Journal de l'hôtellerie-restauration* ou Pôle emploi https://www.lhotellerie-restauration.fr/emploi/recherche-extra-restauration, https://candidat.pole-emploi.fr/offres/emploi/hotellerie-restauration/s24

« C'est une énorme pression »

Financer soi-même une partie des études est bénéfique en termes de responsabilisation et d'implication. Mais génère un stress supplémentaire, particulièrement quand la famille n'a pas les moyens de soutenir financièrement l'étudiant. Indira Da Cunha Moosun, diplômée de l'HIM (Hotel Institute Montreux) en 2015, le dit sans prendre de gants. « C'est très, très cher. Je viens d'un milieu très pauvre, mes parents sont ouvriers. Donc je travaille et je mets de l'argent de côté depuis l'âge de 15 ans. Un jour, j'ai dû choisir, au lieu d'investir dans l'achat d'un appartement, j'ai versé cet apport à l'HIM pour mon futur et ma carrière. C'est beaucoup d'argent et c'est une énorme pression. » La jeune femme, impressionnante de détermination, a ensuite travaillé comme manager des opérations marketing au Casino Barrière de Montreux. Un parcours réussi grâce à un autofinancement préparé bien en amont qui reste tout à fait exceptionnel dans les écoles hôtelières privées.

CHAPITRE 3

DES COURS PRATIQUES COMME THÉORIQUES

L'enseignement en école hôtelière est un savant dosage entre théorie et pratique. À la fois en cours d'année académique, succession de stages et enseignements, mais déjà à l'intérieur des enseignements eux-mêmes où l'application concrète des savoirs est toujours proche. D'un établissement à l'autre, on constate une ressemblance des méthodes pédagogiques. C'est le contenu des bachelors qui fait la différence.

Les premiers pas en classe

Alors affublée d'une toque blanche sur la tête, Angelica Fraser se rappelle de sa deuxième semaine de cours à l'EHG. En première année, l'emploi du temps, c'est une semaine en classe puis une semaine de pratique. En quoi consistent les cours dispensés ? « On débutait à 8 h 30 avec différentes matières comme le français, l'anglais, l'arithmétique commerciale, le tourisme, la comptabilité. On a aussi des classes qui nous préparent à la cuisine ou au *house-keeping* [services, entretien et nettoyage]. En cuisine, on va par exemple voir comment tout fonctionne, car car la plupart d'entre nous n'y ont jamais mis les pieds. Ne serait-ce que pour connaître le nom des objets, des techniques de base pour découper, des sauces, etc. » Ces cours théoriques sont destinés à mettre au même niveau tous les élèves. Personne ne peut y échapper, il faut mémoriser la dénomination des morceaux de viande ou la provenance des fromages, par exemple. Un apprentissage alors « tout nouveau » pour Angelia comme beaucoup d'autres, que l'on croise dans tous les établissements, avec des nuances.

Le bachelor quasi unique en management à l'étranger

Qu'est-ce que l'*hospitality management* ?

Depuis les années 1990, les anglicismes *hospitality*, *hospitality management* ou *hospitality industry* se sont imposés dans l'hôtellerie-restauration francophone. Sur le plan littéral, on peut simplement traduire *hospitality* par « hospitalité », tous deux dérivés du latin *hospes*, qui signifie « hôte », « invité » ou « étranger ».

Sa transposition moderne est beaucoup moins désintéressée. Il s'agit d'un secteur économique au sens large qui inclut l'hôtellerie, la restauration, mais aussi l'événementiel et les loisirs. Dans un but d'efficacité commerciale, on satisfait les désirs du client, dans un rapport « d'égal à égal » hôte-invité maniéré. Pour schématiser, les principes fondateurs de l'hôtellerie sont appliqués à d'autres secteurs économiques. « Les grandes écoles d'hôtellerie deviennent de plus en plus des écoles de commerce » est une critique qui revient souvent dans la bouche d'étudiants et professionnels interrogés. Différence persistante cependant, l'apprentissage théorique, même très commercial, est immédiatement mis en pratique dans une cuisine, un accueil d'hôtel ou une salle de restaurant.

Le modèle du bachelor (bac+3, niveau II) unique est désormais largement répandu. À l'instar du bachelor *hospitality management* de l'Institut de hautes études de Glion (Suisse et Royaume-Uni). Les diplômes dispensés à l'étranger, en Suisse en particulier, ont justement une coloration très gestion. « Ce qu'on cherche pour nos étudiants, c'est qu'à la fin de la formation, ils sachent compiler le sens de l'éthique et le sens du business, c'est toujours un peu l'art et la science », synthétise Michel Rochat, P-DG du groupe EHL. « Développer les capacités de gestion de chacun, des carottes râpés à un banquet de 80 personnes, voilà le but. Gérer des clients, gérer un collaborateur, gérer de la finance, gérer un produit ou un service », complète son compatriote Christophe Penot. Ce sont bien les Helvètes qui ont inventé l'industrie hôtelière moderne dans les années 1830, en s'inspirant de la tradition des auberges ouvertes au public.

La technique n'est pas délaissée, mais sa maîtrise un peu moins poussée, exception faite de la Culinary Arts Academy Switzerland (Le Bouveret et Lucerne), ou du bachelor en arts culinaires du César Ritz Colleges (Port-Valais), aux noms évocateurs. Car pour se vendre, les établissements sont tout de même obligés de jouer la carte de la différence, même si cela peut s'avérer tout à fait cosmétique. Illustration avec le Swiss Education Group et son directeur Florent Rondez, 53 ans. « Chacune des huit écoles de notre réseau a son propre bachelor, le parcours comme les programmes sont établis en fonction de la spécialisation. À la SHMS [Swiss Hotel Management School, à Leysin], nous avons par exemple un bachelor spa et événements avec un partenaire en Angleterre qu'on ne retrouve pas ailleurs. » Par certains aspects, l'*hospitality* ressemble à s'y méprendre à l'enseignement dispensé dans les écoles de commerce. Outre Lausanne, l'Université de Cornell (États-Unis) ou l'Université polytechnique de Hong Kong (Chine) cultivent aussi cet ADN, avec un volet recherche et publications très développé. Et des taux de réussite très élevés, point commun à tous les bachelor : à peu près neuf diplômés sur dix candidats.

Le savoir-faire français en deux bachelors

Une approche que l'on retrouve, plus marginalement, dans l'Hexagone. À Vatel ou à Tunon entre autres, qui multiplient les lieux d'enseignement (six campus pour l'un, 15 pour l'autre) pour accroître leur offre « commerciale ». Pour le reste, l'idée de perpétuer un savoir-faire français subsiste, sans équivalent dans le monde en matière culinaire et hôtelière.

« Indépendamment de la pénibilité, ce qui est difficile, c'est la régularité et la rigueur. Pour bien apprendre, l'élève doit comprendre ce qu'il fait et pourquoi il le fait », condense Bernard Ricolleau, ancien maître d'hôtel à Matignon, alors qu'il supervise la mise en place d'un restaurant d'application dans l'Est.

Une exigence « traditionnelle » que l'on retrouve à l'école Ferrandi (Paris) ou à l'Institut Paul Bocuse (Lyon), extrêmement pratiques, mais aussi à l'Hotelschool de La Haye (Pays-Bas). Cette dernière fait figure encore une fois d'exception à l'étranger, en se rapprochant du modèle français. Une approche technique pas forcément facile à digérer pour les étudiants, comme Daniel Jarrín Molin, 27 ans. « Quand ce sont de grands professionnels français qui transmettent, il y a parfois un manque de méthode, de pédagogie. C'est peut-être très concret, trop concret. Pour ceux qui ont déjà une formation culinaire, ce n'est pas trop compliqué, mais pour ceux qui ne connaissent rien, il peut manquer un peu l'enseignement des bases. »

Sans surprise, c'est dans ces lieux d'enseignement qu'on retrouve des bachelors différenciés (voire plus). Daniel a terminé par une troisième année de management culinaire à Bocuse, préféré au cursus management hôtellerie et restauration. Cette division entre arts culinaires et gestion hôtelière est la plus courante, on la retrouve à titre d'information au Cordon bleu (Paris). Épisodiquement, un diplôme encore plus spécifique est dispensé comme à l'école Savignac (33) avec son bachelor restauration événementielle. L'Institut de conciergerie internationale (75) en propose même trois : service en industrie de luxe, concierge ou majordome.

Des enseignants de premier rang

Le thermomètre qualitatif, ce sont aussi les enseignants. « On se retrouve dans un centre de formation avec un spécialiste pour chaque métier de l'hôtellerie-restauration, contrairement aux lycées où il y a d'autres domaines économiques à côté. Les gens sont tous des passionnés, les enseignants-formateurs ont tous un col bleu-blanc-rouge, ça change tout ! » s'enthousiasme Charles-Henri Moëc, ancien de Ferrandi. À l'instar du Jurassien Julien Gradoz, maître d'enseignement en pâtisserie, passé par les services de restauration du Premier ministre à Matignon, des trois étoiles au *Guide Michelin* (Louis XV à Monaco, Plaza Athenée à Paris)... âgé de seulement 39 ans.

Ces profils sont courants dans les écoles hôtelières, dont les plus cotés rivalisent d'embauches prestigieuses. Même un « simple » cours de comptabilité peut ainsi être donné par un professeur au CV long comme le bras. Alain Tourbier, qui enseigne cette matière à l'EHG (Suisse) après avoir écumé les hôtels étoilés, demeure cependant modeste : « On essaye de les intéresser par le côté dynamique du cours, de travailler sérieusement sans se prendre au sérieux. Une partie théorique immédiatement mise en pratique. » Les méthodes pédagogiques commencent même à évoluer dans un univers de discipline, à l'image de Jaco von Wielligh, directeur académique sud-africain de l'IHTTI School of Hotel Management de Neuchâtel (Suisse). « Le respect, ça ne s'impose pas, ça se gagne. Je n'ai aucun problème à donner mon numéro de téléphone portable aux élèves ou à skyper avec eux à 21 heures quand nous n'avons pas eu le temps de discuter pendant la journée. D'ailleurs il y a une rencontre obligatoire par semaine entre nous et eux. »

Les restaurants d'application

Quels que soient les formateurs, la mise en situation professionnelle n'est jamais loin. Toutes les écoles se doivent d'être équipées d'un restaurant d'application. Dans le cas contraire, comme à Tunon, c'est un net désavantage. *L'Orme rond* (78) et *Le Premier* (75) sont les deux gastronomiques de l'école Ferrandi. Du côté de l'Institut Paul Bocuse, on comptabilise deux restaurants-écoles et un hôtel-école dans l'agglomération lyonnaise.

Les cantines et autres cafèt' sont aussi des espaces d'apprentissage. À Lausanne, l'immense rez-de-chaussée abrite, entre autres, un impressionnant comptoir dédié aux *smoothies*. À Genève, l'école hôtelière se confond avec l'office des Nations unies. Le Grand Hôtel Bellevue accueille depuis plus d'un demi-siècle l'institut de hautes études de Glion, en surplombant à flanc de montagne le lac Léman. Pas toujours facile de se dévouer pour ses petits camarades dans ces lieux. « Avoir des élèves que tu serres en restaurant d'application, c'est juste horrible, rapporte Clémence Argondicco, 28 ans. Ils te jugent, te jaugent, se foutent de ta gueule. C'est bien mieux d'être avec des vrais clients, dans un vrai restaurant. »

Le bizutage en question

Œufs explosés dans les chaussures, sardines pourries dans les casiers et sur les vêtements, farine et miettes dans une voiture, tête dans un saut d'abats, jeux en tous genres... Les exemples donnés par les élèves interrogés pour ce livre montrent que le bizutage est loin d'avoir disparu dans l'univers très pyramidal de l'hôtellerie, que ce soit en établissement ou en entreprise. « Ce n'est pas si grave », justifiait l'un d'entre eux. Pourtant, il convient de rappeler que le bizutage est un délit depuis près de vingt ans, sanctionné comme tel par l'article 225-16-1 du Code pénal : « Hors les cas de violences, de menaces ou d'atteintes sexuelles, le fait pour une personne d'amener autrui, contre son gré ou non, à subir ou à commettre des actes humiliants ou dégradants lors de manifestations ou de réunions liées aux milieux scolaire et socio-éducatif est puni de six mois d'emprisonnement et de 7 500 € d'amende. » En 2013, deux lycéens en hôtellerie à Toulouse avaient par exemple été mis en examen pour viols et agressions sexuelles, après des sévices sur des camarades qui avaient duré plusieurs mois. L'association CNCB (Comité national contre le bizutage) fournit tout un tas de conseils pratiques aux parents comme aux enfants. Plus généralement, face aux violences physiques et psychologiques, le ton semble changer depuis quelques années dans un secteur de l'hôtellerie-restauration où ce fut longtemps tabou (lire aussi la partie 3, page 71).

POUR EN SAVOIR PLUS

Allez sur le site du CNCB
www.contrelebizutage.fr

Les premiers pas en cuisine ou en salle

Au milieu des cuisines de « son » restaurant-école gastronomique, Alain Le Cossec, directeur des arts culinaires à l'Institut Paul Bocuse, raconte le premier jour type d'un étudiant. « Déjà on accueille l'élève, on lui dit bonjour [rires]. Il passe par différents stades. On commence par un apprentissage des bases de la cuisine : comment tenir un couteau, comment mettre un tablier, etc. C'est toute une attitude qu'on lui apprend. Ensuite, on entre dans les gestes plus techniques, tailler des brunoises, fraiser une pâte, découper un lapin. Cela va lui permettre de s'épanouir en réalisant des plats complets. » Du côté de la salle de restauration, on intègre aussi les premiers gestes, comme le relate Nicolas Jotterand, étudiant de 24 ans. « Pour l'instant, on a appris le nappage, la position des couverts, le processus de la prise de commande au service, de l'apéritif au dessert. J'attends un peu que tout ça rentre dans ma tête, parce qu'on suit différents cours théoriques sur deux semaines. » Un cheminement individuel, mais aussi une aventure collective.

Travail créatif en équipe

En miroir de l'organisation en brigade, beaucoup d'établissements innovent en usant du groupe à tous les niveaux de l'enseignement. Tel est le cas à l'ESH Paris Hotelschool (92), où la gestion en équipe d'un événement ainsi que la création collective d'une entreprise de A à Z sont prévues. L'optique est de se rapprocher le plus possible de ce que vivra le futur manager. Cette approche présente des vertus éducatives inestimables selon Christophe Penot (EHG). « Si vous traitez vos camarades, demain vos collègues, comme des moins-que-rien, vous aurez du boulot de moins-que-rien et vous aurez déjà trop cher payé. On joue et on travaille avec [les étudiants] au maximum sur cette notion de collégialité. S'il y a conflit, toujours revenir à ce qui réunit : les objectifs qui sont ça, ça et ça. » Tout en stimulant la créativité, communicative chez l'étudiante de l'institut Bocuse Seongeun Jeong. « En deuxième année, le projet "avant-scène" nous a permis de créer notre restaurant pendant une semaine. Il fallait trouver un nom, inventer un logo, chercher des fonds, créer des menus. Au final, les clients étaient plutôt contents. » Du côté de l'EHL, on pousse même plus loin. Dès le bachelor 1, des groupes de travail sont constitués pour quatre ans avec élection d'un leader. Le tout évalué par les enseignants au fil des semestres. Rien ne remplace cependant l'épreuve du feu des stages, loin des visages familiers de l'école.

CHAPITRE 4
CHOISIR ET RÉUSSIR SES STAGES

La « pédagogie par l'alternance » est le format unanimement adopté par les écoles hôtelières. Il ne s'agit pas d'un apprentissage au sens légal du terme, comme on en retrouve au CFA, mais plutôt d'un roulement égalitaire au niveau temps, entre enseignement et stages dans une ou plusieurs entreprises hôtelières. Classiquement six mois/six mois, mais d'autres rythmes existent. Une manière incontournable de rentrer dans la danse professionnelle, une occasion de faire le tri dans ses envies.

Sésame d'entrée

Si, dans de nombreux secteurs, la quête du stage se transforme en chemin de croix pour les étudiants, ce n'est pas le cas dans l'hôtellerie, qui a un besoin insatiable de petites mains. « On a quasiment dix offres de stage pour un étudiant chaque année, car les professionnels reconnaissent leur professionnalisme, confirme Dominique Giraudier, de l'Institut Paul Bocuse. Ces derniers se battent pour avoir nos étudiants, car quand ils arrivent sur un lieu de stage, ils sont opérationnels. Quelques heures leur suffisent pour prendre une fonction au sein d'un hôtel, d'un restaurant, d'un traiteur ou d'un laboratoire. »

Plus encore qu'un lycée des métiers, une école est un sésame d'entrée pour le stage, particulièrement dans les établissements de luxe. D'où une mécanique de répartition des stages détaillée par Matthieu Legal, ancien de Ferrandi. « On rencontre un professeur, qui dispatche les étudiants dans les différentes entreprises, pour l'alternance. J'ai été envoyé au restaurant gastronomique Lapérouse, un des premiers trois étoiles de France qui les a aujourd'hui perdues. » Un moment important dans l'itinéraire de l'élève.

À l'inverse, c'est parfois même le feu vert d'une entreprise qui va aiguiller vers une école. Le parcours de Charles-Henri Moëc, 29 ans, a ainsi des airs de rêve éveillé. « À Paris, j'ai fait la connaissance de directeur de salle d'Alain Ducasse [chef reconnu] qui me propose de rentrer à l'Athénée, en apprentissage, car il m'avait remarqué. Je décide de rompre mon contrat d'apprenti en Bretagne, pour monter à Paris au Plaza Athénée et à l'école Ferrandi. » Avec une exigence perpétuelle, pour le stagiaire.

Tenir la cadence, varier les lieux

Quelle que soit l'école, le temps de stage est toujours égal au temps d'enseignement, exactement comme pour un apprenti. Six mois pour six mois sont les délais les plus répandus, même si l'on trouve des spécificités locales. « Le rythme est assez intense à Vatel, deux semaines de cours, deux semaines de stage sur l'ensemble des trois années de la formation », se rappelle Bérengère Bulgheresi-Descuilhes, diplômée en 2012.

Généralement, le premier stage se fait dans l'opérationnel : la cuisine, le service ou le *house-keeping*. Quand les suivants ouvrent des horizons, sur les ressources humaines, la comptabilité, les finances. « La première année, nous sommes tous envoyés dans le même hôtel, comme stagiaires. En deuxième année, nous choisissons notre stage et en troisième année, l'alternance est axée sur la création et le management d'entreprise », remarque-t-elle.

Si l'orientation management ou technique du bachelor va déteindre sur les stages, la personnalité de l'étudiant aussi. Le Breton Alain Le Cossec, chef-enseignant au restaurant Saisons (69), l'affirme sans détour. « Obligatoirement parmi les jeunes, il y en a qui sont plus fragiles que d'autres car moins aguerris. On ne va pas les envoyer au casse-pipe, cela peut être dangereux. Pour un étudiant, un restaurant trois étoiles [au Guide Michelin], c'est très bien, tandis que pour un autre, une petite structure familiale sera très bien pour apprendre autant. » Surtout qu'une première pratique peut s'avérer traumatisante dans un milieu hiérarchisé et dur, parfois même violent.

Harcèlement et violences, la fin de l'omerta

Les actes violents furent longtemps tabous, dans un milieu très hiérarchisé où l'on travaille en équipe sous pression, sur de longues plages horaires. En avril 2014, le site d'information spécialisé en gastronomie *Atabula* brise l'omerta en détaillant la brûlure volontaire subie par un apprenti dans le triple étoilé le Pré Catelan. Rien de singulier, puisque quelques mois plus tard, FranceTV Info publie une série d'enquêtes sur les violences physiques et psychologiques commises dans les restaurants des stars Joël Robuchon (la Grande Maison) et Yannick Alléno (le Pavillon Ledoyen), parfois par les chefs eux-mêmes. Si dans un premier temps, leurs confrères minimisent, le ton va rapidement monter dans la profession, du moins publiquement. En 2015, dans une interview sur France 2, le chef double étoilé Thierry Marx analyse calmement et sans concession la situation : « *Le chef qui crie a face à lui sa propre incompétence, c'est ce qui le rend agressif. Il considère que c'est le subalterne qui est responsable* ». Avant de poursuivre : « *Un service est une bouilloire, avec une pression excessive sur des personnes qui sont là pour montrer une cuisine d'auteur – lui aussi inquiet de ne pas être compris par son public. Le tout sans que le client s'en rende compte. Donc il faut absolument mettre en place le management adéquat pour que nos collaborateurs soient dans le bien-être.* » Les initiatives se multiplient, désormais, portées notamment par une nouvelle génération de chefs qui refusent le « marche ou crève ». L'association Bondir.e, par exemple, créée en 2021, prône les « *valeurs de bienveillance, de respect, de tolérance et de partage, ceci notamment et en priorité dans le domaine de l'hôtellerie, la restauration* ». Elle intervient dans les lycées et les écoles hôtelières. L'association #Respecte ta cuisine a également été fondée en 2021 pour agir plus spécifiquement sur les violences sexistes et sexuelles en délivrant depuis peu un « Label Marianne » aux établissements. Des enquêtes récentes du *Monde* ou de *Libération* sont largement revenues sur ce problème dans un secteur qui reste très inégalitaire (lire aussi la partie 3, page 71 et page 112).

POUR EN SAVOIR PLUS

Allez sur le sites de Bondir.e ou #Respecte ta cuisine https://www.instagram.com/bondir.e_/, https://www.respectetacuisine.com/

Un stage réussi n'est d'ailleurs pas toujours celui que l'on souhaite au départ. « Essayez peut-être aussi un métier que vous ne pensez pas fait pour vous », répète régulièrement à ses élèves genevois Christophe Penot. Après tout, le stage, c'est aussi le moment d'expérimenter, de vous tromper, de déterminer ce que vous aimez et ce que vous n'aimez pas.

CHAPITRE 5
LA VIE DE CAMPUS

Vous l'avez sans doute compris, on ne compte pas ses heures au cours d'une formation hôtelière. Que ce soit en stage, où l'on travaille parfois en décalé, comme sur les bancs de l'école hôtelière. Le lieu d'apprentissage peut même se muter en véritable lieu de vie estudiantin. C'est le fameux campus qui présente ses avantages et inconvénients.

Environnement ancien ou moderne

Sur la trentaine d'écoles hôtelières que nous avons retenues, plus de la moitié sont de véritables campus. On ne parle pas d'immenses sites universitaires qui consisteraient en un alignement de bâtiments plus ou moins défraîchis. Car l'implantation des établissements scolaires est souvent ancienne, parfois dans des bâtiments historiques. L'École Ferrière, par exemple, une des plus récentes (2014), s'est installée dans un château francilien du XIXe siècle, au milieu d'un parc. L'Institut Paul Bocuse de Lyon se trouve dans une configuration similaire entre jardins et château à Écully, avec des bâtisses adjacentes plus modernes, construites au fil des besoins.

D'autres écoles, sont implantées dans de somptueux anciens hôtels/palaces comme l'Hôtel Institut Montreux, la Swiss Hotel Management School de Caux ou l'Institut de hautes études de Glion (Suisse), entre haute-montagne et lac, neige, verdure et eau.

On trouve à l'opposé des installations très récentes ou rénovées, comme l'imposant campus de l'EHL à Lausanne, ou l'IHTTI de Neuchâtel, l'école hôtelière d'Avignon (84), l'ESH Paris Hotelschool (75), plus ramassées. Moins « carte postale », ces campus ont l'avantage d'être plus accessibles en transports et de bénéficier de lieux urbains dédiés aux sports ou aux loisirs à proximité. Des ingrédients à mettre dans la balance.

Soyez vigilants cependant, les photos bucoliques d'un site internet ou d'un prospectus ne traduisent pas forcément la réalité de la vie quotidienne dans ces installations. Surtout quand elles sont multi-implantées comme Vatel, Les Roches, César Ritz Colleges ou le Cordon Bleu, le plus bel emplacement servant souvent de vitrine. « La grande mode dans les écoles privées, c'est la com, la com, la com. Mais ce n'est pas ça qui fait chauffer les fourneaux d'une cuisine ou tourner un hôtel », critique Patrice Larrosa, ancien proviseur-adjoint de l'École hôtelière de Paris. La meilleure parade demeure la visite des locaux en amont. Quitte à y passer trois ans ou plus, autant que vous y soyez à l'aise !

De 50 à 2 300 élèves

L'ambiance d'une école dépend également beaucoup de la taille de celle-ci. Même si elle est affiliée à une université, comme Blue Mountains (Australie), on est toujours loin des dizaines de milliers d'étudiants habituels des facultés. Le campus qui en rassemble le plus est celui de l'EHL (Lausanne) avec 3 800 élèves. À des années-lumière de l'Institut de conciergerie internationale, dans l'Est parisien, qui regroupe... 50 élèves. Entre les deux, l'établissement à quelques centaines d'étudiants est le gabarit le plus répandu.

Christophe Penot fait des 300 étudiants de « son » EHG à Genève un argument majeur de vente : « Quand vous avez plusieurs milliers d'étudiants, vous n'avez pas de suivi sur le plan pédagogique. Avec 24 étudiants dans une classe, on sait individuellement si le travail est fait ou pas, si une technique est maîtrisée ou non. Ce n'est pas le cas dans un amphi de 200 places ! » Une ambiance théoriquement plus « familiale » qui n'abaisse pas pour autant le niveau d'exigence.

Règlement intérieur strict

Petit fascicule des bonnes manières et règle pour mesurer la longueur des jupes sous le bras, Christophe Laurent arpente les couloirs de l'EHL. Monsieur l'ambassadeur des valeurs est aussi bonhomme sur la forme qu'intraitable sur le fond : « Le *dress-code* ["code vestimentaire"], ça n'est pas restrictif, mais constructif. Ce ne sont pas des vêtements mais une attitude avant tout. » Pas moins de 30 règles encadrent ici l'habillement.

Un règlement intérieur draconien qui n'a rien d'inhabituel dans l'hébergement-restauration, où l'on demeure très à cheval sur un savoir-être comme un savoir-faire, qui peut paraître parfois un peu désuet. Quand sa brigade d'élèves a trois minutes de retard sur le planning de cuisine – poisson poché et Paris-Brest ce jour-là –, Christophe Lhospitalier, chef de cuisine-formateur à l'Institut Paul Bocuse, hausse le ton sans hésiter. « Il y a un moment où ça doit "tomber", le plat doit être servi. L'excellence, c'est un délai le plus court possible entre la commande du client et l'assiette chaude posée sur la table. S'ils ne l'apprennent pas maintenant, c'est un coup sur le coin de la tête qu'ils vont recevoir en entreprise. » Comme par hasard, Indira Da Cunha Moosun, passée par l'HIM (Montreux), a d'abord voulu intégrer... l'armée. « Dans les deux cas, ce sont des métiers où il ne faut pas avoir peur, où il faut aller de l'avant et être discipliné. Il y a aussi une certaine camaraderie, car on rame tous dans la même direction [*sic*]. »

Dans ce contexte, les conseils de discipline sont rares. Marie-Emmanuelle Paziot, 24 ans et bachelor en poche, préfère en tirer du positif. « On est toujours encadré, surveillé, ce sont ces valeurs que nous transmet l'école pendant quatre ans. Au cours d'un entretien d'embauche, on voit tout de suite la différence entre ceux qui ont fait une formation hôtelière et les autres. » Pour ceux qui ne supportent pas l'autorité, la potion est amère trois ou quatre années durant.

Différentes solutions de logement

Rares sont les élèves qui habitent à proximité d'une école, avant d'y entrer. Trouver un logement est donc une nécessité largement partagée. Deux solutions s'offrent à vous : le logement étudiant sur le campus proposé par l'établissement d'enseignement ou bien l'habitat privé, seul ou en colocation.

Sur le campus

Comme évoqué précédemment, la situation de l'école a son importance. La villégiature en périphérie des villes oblige l'école à offrir une possibilité de logement. Blue Mountains, qui fait référence en Asie-Pacifique, a ainsi une capacité d'accueil de 250 élèves sur son campus de Leura (Australie) avec des chambres deux places tout équipées. Que ce soit dans ses chalets alpins ou entre les briques rouges de ses bâtisses espagnoles, Les Roches accueille aussi des centaines d'élèves en pension complète. Hors de France, les frais d'études en bachelor incluent d'ailleurs souvent l'habitat.

« La plupart des étudiants habitent sur le campus, c'est fortement conseillé », martèle Marie-Emmanuelle Paziot, étudiante à Lausanne. En règle générale, priorité est donnée dans les écoles aux étudiants étrangers et aux premières années (gare au passage en deuxième année !). Loger sur place peut même être obligatoire au début du bachelor, comme à Lausanne (EHL) avec ses 300 chambres pensées pour l'année préparatoire.

La colocation ou le studio

L'implantation au cœur d'une métropole, l'accès à un bon réseau de transports multiplient les possibilités de locations externes. En France, c'est cette option qui est privilégiée, même si l'Institut Paul Bocuse propose par exemple 114 chambres à cinq minutes à pied de ses laboratoires d'apprentissage. Étudier dans une école hôtelière, dont certaines ont même un « service logement », est un atout auprès des propriétaires. Sans garantie personnelle, Marie-Emmanuelle a ainsi monté une collocation de proximité grâce à la renommée de son établissement.

POUR EN SAVOIR PLUS

Utilisez la boîte à outils de l'Etudiant « Logement étudiant : quels sont les pièges à éviter ? », https://www.letudiant.fr/lifestyle/logement_2/logement-etudiant-les-pieges-a-eviter.html

La location reste cependant difficile d'accès et onéreuse pour les étudiants, à Paris comme dans les grandes villes suisses. « [Chez nous] il n'y a rien à payer, à part la mallette de service et le logement, nos études sont gratuites… », a coutume de dire Éric Duszynski, de la publique École hôtelière de Paris. « … Sauf le logement, cher dans la capitale, c'est vrai », complète son prédécesseur Patrick Larrosa. L'éloignement d'un environnement familial et familier n'est pas toujours facile à vivre non plus, rapporte Charles-Henri Moëc, passé par Ferrandi. « Les moments de difficulté, c'est après un service qui ne se passe pas très bien. J'ai 18 ans, je quitte ma famille, mes amis, je vis seul à Paris, le week-end, je me dis : "Pourquoi je suis parti ?" » Le mal du pays peut frapper plus fortement encore à l'étranger, ou/et dans un environnement très international.

CHAPITRE 6
DANS LES ÉCOLES-MONDE

Les écoles hôtelières se mondialisent, en décalcomanie du secteur touristique. Une marche en avant où le français et l'anglais, langues historiques à l'accueil des hôtels ou aux fourneaux, sont le minimum requis. Bienvenue à l'ONU façon école privée de l'*hospitality management* !

Tous les accents, toutes les langues

Déambuler dans les couloirs d'un campus hôtelier, c'est l'assurance d'entendre des dizaines de langues et d'accents. De la Corée du Sud à l'Argentine, en passant par le Qatar ou l'Azerbaïdjan, aucune nationalité ne manque à l'appel. Enivrant, sans doute, déboussolant parfois. Cette diversité – bénéfique pour les écoles en matière d'influence – est largement mise en avant et même encouragée par les conseils de direction. « Ce qu'on cherche, ce sont des jeunes capables de s'exprimer dans plusieurs langues, capables d'écouter, de s'adapter à d'autres cultures, de travailler en groupe, d'exercer le leadership, d'accepter les critiques, d'être proactif et qu'ils aient du plaisir à faire plaisir », épluche Michel Rochat, P-DG du groupe EHL.

Sur les hauteurs montagneuses de Glion, l'Institut de hautes études recense pas moins de 98 nationalités, pour 2 % de Suisses. Les spectacles-banquets organisés deux fois l'an par les étudiants sont un véritable tour du monde culinaro-culturel. À 30 kilomètres de là, l'EHL en revendique 127, dans une atmosphère plutôt BCBG. Ce sont sans doute les deux établissements les plus internationalisés sur le globe. Plus au sud, de l'autre côté de la frontière, l'Institut Paul Bocuse, avance le chiffre de 72 passeports différents (moitié d'étrangers) quand le site de Vatel Nîmes en aurait 45. Ce sont, pour sûr, les deux sites en pointe dans l'Hexagone. À l'autre bout de l'échelle, les écoles les moins internationales comptent tout de même un étudiant sur six venus « d'ailleurs » (lire aussi la partie 1, page 13).

Visa, titre de séjour, permis de travail, etc. : comment ça marche ?

Étudier à l'étranger, ce n'est pas simple comme réserver un billet d'avion aller sans retour (pour l'heure) en ligne. Enfin ça peut l'être, à condition que vous optiez pour une école implantée dans l'Union européenne. « En tant que citoyen de l'UE, vous avez le droit d'étudier dans n'importe quelle université de l'UE, dans les mêmes conditions que les ressortissants du pays où elle se situe », voilà le principe général énoncé par le droit communautaire – même si en pratique, de nombreux problèmes pratiques subsistent, comme la reconnaissance des diplômes. Mais vous l'avez bien compris, la majorité des écoles en hôtellerie non françaises sont helvètes-francophones, donc en dehors de l'Union. « L'endroit rêvé, c'est la Suisse, si l'on veut se retrouver dans un milieu beaucoup plus international, se couper de la France et du système éducatif français, tout en n'habitant pas très loin et en parlant encore français », déroule quasiment comme une brochure publicitaire la Franco-Portugaise Indira Da Cunha Moosun, 29 ans, qui a étudié du côté de Montreux, à l'HIM. Pour obtenir une autorisation de séjour (Livret) valable tout au long de vos études, des démarches sont à effectuer auprès des autorités cantonales [locales]. Techniquement, l'autorisation est valable pour la durée de la formation ou, si les études se poursuivent sur une longue durée, par un renouvellement d'une année sur l'autre. Son coût est anecdotique. Si vous êtes atteint(e) de « phobie administrative », pas de panique, les écoles sont rodées à l'exercice et d'une aide précieuse. La Confédération helvétique durcit régulièrement les conditions d'installation sur son territoire, la dernière réforme d'ampleur ayant été mise en application en 2017. Les étudiants de l'HTR (hôtellerie-tourisme-restauration) en ont été exclus, du fait du poids économique du secteur. Florent Rondez, patron de Swiss Education Group, est le premier à reconnaître cette influence : « On reste particulièrement vigilants sur le sujet et on pèse de tout notre poids sur les élus à Bern [la capitale politique]. » Si vous préférez un cursus en Asie, Océanie ou Amérique du Nord, vous devrez obligatoirement passer par le visa national. En Australie, par exemple, il s'agit, au-delà de douze semaines, du Student Visa (« visa étudiant »), avec une demande qui s'effectue en ligne pour un coût équivalant à 440 €. Au Canada, le permis d'études est requis au-dessus du semestre d'études, avec une démarche internet à approximativement 115 € puis 230 € pour une prolongation. Dans tous les cas, donnez-vous de l'air en entamant les formalités des mois à l'avance.

POUR EN SAVOIR PLUS

Consultez les sites officiels suivants, ainsi que le portail spécial de l'Etudiant », https://europa.eu/youreurope/citizens/education/university/
www.sem.admin.ch/sem/fr/home.html
www.letudiant.fr/etudes/international.html

Des cours bilingues au double-diplôme

Fortement conseillée au lycée des métiers, la maîtrise de l'anglais devient quasiment obligatoire en école privée, vous l'aurez compris. Dans le monde francophone, l'enseignement bilingue se répand comme une traînée de poudre – ce qui explique le pré-requis courant d'une note de 500 au TOEFL. L'Institut de tourisme et d'hôtellerie du Québec (ITHQ), dans une région pourtant en pointe sur la défense du français, en fait la pierre-angulaire de son environnement éducationnel. La logique est parfois poussée jusqu'au double-diplôme, comme à l'Hotel Institute Montreux qui vend un « accueil suisse allié à la gestion à l'américaine » de la Northwood University. Du côté de la Swiss Hotel Management School de Caux, on met en avant les échanges « intenses » avec l'Université de Derby (Royaume-Uni).

Pour mettre toutes les chances de son côté, la néodiplômée Marie-Emmanuelle Paziot a été jusqu'à choisir de partir à l'étranger en amont de sa formation. « Après mon bac, j'ai pris une année sabbatique au Royaume-Uni pour apprendre l'anglais à Cambridge. Cela m'a beaucoup aidée pour réussir mes études par la suite. » Si vous avez cette opportunité, saisissez-la, à condition d'en tirer aussi de l'expérience professionnelle.

Immersion à l'étranger

Dans le monde anglo-saxon, les cours sont intégralement dispensés en anglais, à l'unisson de ce que propose le Kendall College de Chicago ou l'Hotelschool La Hague (Pays-Bas). Un bon moyen de forcer son apprentissage, mais qui nécessite deux fois plus de travail. (Sur)motivation indispensable ! « Des fois, les heures de boulot s'enchaînent lourdement chaque semaine. La fatigue et le stress s'accumulant à la barrière de la langue, on craque. À ce moment-là, on ne peut plus réaliser ce qui est demandé de manière correcte », alerte Daniel Jarrín Molin, Équatorien qui a obtenu son bachelor d'arts culinaires à Lyon.

Ce départ à l'étranger est quelquefois imposé par des écoles françaises, au moment du stage. Une façon de renverser la logique : on ne filtre pas à l'entrée, mais on impose l'immersion linguistique au cours des études. Matthieu Legal n'a pas pu y couper : « Moi, je suis parti dans des pays anglophones, l'Angleterre et le Danemark, comme tous ceux qui ont un faible niveau d'anglais. Si votre niveau est suffisant, en revanche, vous partez dans un autre pays, pour apprendre une autre langue. » La capacité à s'adapter à une nouvelle culture, à apprendre comment font les autres, est aussi testée. En somme, le voyage est utilisé comme outil managérial et personnel.

Besoins du marché

Proche de la retraite, Éléonore Vial a successivement dirigé la formation à Vatel, puis à Bocuse. Son regard expérimenté sur l'environnement mondialisé des étudiants est positif : « On a une mosaïque de talents et de personnalités, pas d'étudiant stéréotypé. C'est le règne de la liberté de créativité, de la pédagogie et de la diversité des étudiants. L'exigence, ce n'est pas forcément la rigidité, c'est un cadre dans lequel on peut se libérer. Comme on donne la possibilité de s'exprimer par un travail concret, des personnalités se révèlent. Entre la première et la dernière année, la métamorphose de certains étudiants est parfois bluffante. »

« Bluffante » aussi au regard des besoins du marché. « Quand un élève intègre une école privée, il s'attend automatiquement à entrer dans des grandes maisons. Mais pour y réussir, il faut être travailleur, passionné, brillant et bilingue ou trilingue ! » complète l'ex-étudiante Bérengère Bulgheresi-Descuilhes. Ce niveau d'exigence toujours plus haut est proche de ce qu'il (re)trouvera dans le monde professionnel de l'*hospitality management* mondialisé.

CHAPITRE 7
L'EMBARRAS DU CHOIX À LA SORTIE

Un pied déjà dans le monde du travail au cours des études, reste à y mettre le second, une fois la coiffe de diplômé sur la tête. Il est relativement simple de trouver un emploi, car près de 300 000 embauches sont prévues rien qu'en France en 2022, selon Pôle emploi. Probablement des millions à l'échelle du monde... Reste à trouver celui qui vous rendra heureux.

La bataille des *alumni*

Ils sont 15 000 à l'institut de hautes études de Glion, 30 000 du côté l'EHL, 35 000 pour l'école hôtelière Vatel, etc. Sur le champ des associations d'anciens élèves – *alumni* pour les intimes – les établissements se livrent une féroce bataille. Afficher que tel chef de renom est passé par telle formation « maison » est un argument majeur de vente pour celles-ci. Même sur les sites internet les plus datés, les parties annuaire ou « paroles de » sont les plus développées.

Au-delà de cette mode qui a une trentaine d'années, les *alumni* sont utiles au moment de chercher un premier ou un nouvel emploi. Payer pour une école privée, c'est aussi acheter un réseau professionnel varié, alors autant en user et en abuser. « Pour savoir où l'on veut aller, il faut vraiment bien se renseigner auprès des anciens élèves, des chefs-enseignants, des professionnels que vous avez croisés. En plus, avec Internet, c'est assez facile à faire aujourd'hui », conseille Daniel Jarrín Molin, diplômé à Lyon qui projette à terme d'ouvrir un restaurant végétalien chez lui, à Quito (centre de l'Équateur).

L'adrénaline du travail en équipe

Pléthore d'étudiants interrogés pour ce livre décrivent leur impatience de ne plus être assis dans une salle de classe. « On a envie d'être debout, car c'est un travail debout ! s'exclame Charles-Henri Moëc, directeur adjoint de la restauration du palace Le Meurice à Paris. C'est ce qu'on recherche aussi, cet état physique, cette adrénaline, ce coup de chaud au moment du service. On va être à l'affût, devancer les demandes du client, être à l'écoute. »

Bien que très exigeant, il est difficile de se passer du travail en équipe, expérimenté lors des stages. « On parle souvent de brigade, pourtant il y a aussi un esprit de corps, d'équipe, en cuisine, les gens sont solidaires. Un service peut être dur, mais après, on va boire un coup ensemble. Ce qu'on ne retrouve pas forcément dans d'autres métiers », expose le professeur-chef Alain Le Cossec.

La parité, mais pas l'égalité

Toutes les écoles hôtelières sont paritaires, ou presque. On y trouve autant d'étudiantes que d'étudiants, parfois même un peu plus d'étudiantes. Une parité accomplie qui cache une vraie inégalité, sur laquelle communiquent peu ou pas ces établissements privés, comme tous les autres d'ailleurs. L'hôtellerie pure et dure est largement dominée par les filles quand les cuisines, plus « prestigieuses », le sont par les garçons. Elles sont par exemple près de 80 % en CAP services hôteliers contre 35 % environ en CAP cuisine ou même plutôt 10 % en CAP boulangerie. Une répartition des rôles qui s'observe à tous les échelons d'études, de travail, et même de concours. « La tendance est claire, l'hôtellerie est féminine quand la restauration est masculine. On doit travailler là-dessus alors que près de la moitié des salariés ont moins de 30 ans dans le secteur », admet Marie Morcel, directrice générale de RESO France, qui regroupe 1 200 entreprises de l'hôtellerie-restauration-tourisme.

L'ascension en cuisine reste ardue pour les femmes, la France comptant pas loin de 90 % de chefs hommes. Le concours du Meilleur ouvrier de France (voir partie 4, page 119) n'a vu que deux femmes primées pour son volet cuisine depuis... 1924 (et encore zéro pour sept hommes lors de la dernière édition en 2019). La première à porter le fameux col bleu-blanc-rouge fut la Basque Andrée Rosier, en 2007, qui tient aujourd'hui l'étoilé Les Rosiers à Biarritz (64) avec son mari. La deuxième fut, huit ans plus tard, en 2015, Virginie Basselot, désormais chef cuisinière au mythique hôtel 5 étoiles Negresco de Nice. « Au lycée, on m'a dit que pilote, ce n'était pas pour les filles. Alors, j'ai décidé d'être chef. On m'a découragée d'être pilote de chasse, je suis Meilleur Ouvrier de France » catapulte la Deauvilloise auprès du journal *Elle*. « Ne nous voilons pas la face, devenir cheffe dans un trois étoiles au Guide Michelin, évidemment que c'est difficile. Dire le contraire serait mentir. Reste que la perception purement masculine de ce secteur d'activité, est, elle, totalement dépassée », positive Fabien Fresnel, professeur à l'EHL.

Perspectives locales et planétaires

Un bachelor dans l'hôtellerie, c'est l'assurance de trouver un poste à responsabilité dans un secteur qui pèse près de 800 000 emplois en France (INSEE, 2020) et se place dans le top 3 des plus dynamiques selon Pôle emploi. Les territoires qui recrutent le plus sont sans surprise les bastions historiques de la gastronomie : les régions parisienne et lyonnaise. Il faut y ajouter les littoraux du Sud et de l'Ouest, ainsi que les massifs alpins, toujours très touristiques. Cet ensemble représente plus des trois quarts des embauches potentielles dans l'Hexagone.

Mais surtout, un cursus en école hôtelière ouvre des perspectives planétaires : la barre des 300 millions d'employés dans l'*hospitality* et le tourisme a été franchie en 2020 selon l'Organisation internationale du travail (OIT). Vous pouvez sans problème vous installer en Australie ou en Asie, les zones qui offrent le plus d'opportunités d'emploi, ou encore au Moyen-Orient. François Parveau, sorti de l'Institut Paul Bocuse il y a 15 ans, a ouvert avec grand succès son restaurant LAB à Taïwan. « L'envie de se lancer dépend beaucoup des personnes. Me concernant, j'ai construit patiemment mon projet à l'aide de mes cours, en fonction de l'exigence culinaire comme financière », commente-t-il sobrement.

Les taux d'insertion à la sortie des écoles privées les plus en vue sont très élevés. Ils sont égaux voire supérieurs à ceux affichés par les lycées hôteliers, même si l'on se concentre uniquement sur les diplômés du très coté BTS hôtellerie-restauration. Aux alentours de 75 %, trois mois après un bachelor (un contrat sur cinq est un CDI), il flirte avec les 100 % un an plus tard (trois quarts de CDI désormais). Pas de panique donc, si vous débutez par un contrat court (lire aussi la partie 1, page 13).

Pour tous les goûts

Hôtels de luxe et restaurants gastronomiques sont à n'en pas douter des Formule 1 : meilleurs produits, vins, infrastructures, brigades, chefs... Pourtant, s'y limiter serait réducteur à l'heure des *food-trucks*, *food-halls*, néobistros, logements insolites et autres conciergeries personnalisées. « Attention, tout le monde peut trouver son bonheur après une école. On peut aller dans des grands restaurants mais aussi aller faire de la très, très bonne cuisine dans une auberge à l'esprit beaucoup plus familial. C'est ouvert, comme monde », se réjouit Alain Le Cossec, trente ans d'expérience au compteur.

D'autant plus que le marché du travail est fluide. « Chacun trace sa voie, quand on en a un peu marre d'être chez les autres, on peut se mettre à son compte, ou même partir à l'étranger. L'avantage dans ce secteur, c'est que si l'on ne se sent pas bien dans un endroit, on n'insiste pas, on va voir ailleurs ». Ces possibilités multiples n'effacent pas une certaine dureté des rapports sociaux qui débouche parfois sur des violences, évoquée à plusieurs reprises au fil de ces pages, ainsi qu'un sexisme (lire aussi la partie 3, page 71) et un racisme (lire encadré ci-après) persistants, même si les choses s'améliorent doucement.

Le racisme, plus qu'ailleurs ?

Il y a quinze ans, un rapport du Bureau international du travail (BIT) rédigé après *testing* (test de discrimination) sur 2 500 offres d'emploi en France faisait grand bruit. L'hôtellerie-restauration était alors le secteur où l'on « enregistr[ait] le niveau de discrimination le plus fort à l'issue des entretiens ». Seulement un employeur sur dix respectait une égalité de traitement tout au long du processus de recrutement. Les temps ont-ils changé ? Pas aussi vite qu'on pourrait le penser, même si aucune statistique précise et récente n'est disponible. Mélissa Henry, 23 ans, nous raconte sa première (mauvaise) expérience professionnelle. « Moi, j'ai des origines [sic] et ma meilleure amie est arabe. On est parties travailler dans un restaurant tout au bout de l'île de Ré [Charente-Maritime]. L'ambiance n'était pas celle qu'on voulait, les patrons n'étaient pas super gentils, ils étaient très racistes, on se sentait vraiment en trop. » À noter que les conseils de prud'hommes se montrent généralement extrêmement sévères avec les cas de racisme, que ce soit à l'embauche ou au travail. Le restaurant du célèbre Moulin Rouge en a par exemple fait les frais, au tout début des années 2000. Plus récemment, en 2017, le ministère du travail épinglait le groupe hôtelier AccorHotels et l'entreprise de restauration Courtepaille en raison « d'un risque élevé de discriminations » à l'embauche selon l'origine des candidats. Comme quoi, la taille de l'établissement, qu'il soit petit ou grand, ne protège pas de tels comportements.

Horaires à rallonge

Ne vous attendez pas à travailler 35 heures par semaine, du lundi au vendredi, de 9 heures à 17 heures. Par essence, l'hôtellerie-restauration est accaparante sur le plan horaire. Quand les autres dorment, sortent ou mangent, vous cravachez. En France, la Convention collective nationale des hôtels, cafés-restaurants (HCR) prévoit une durée hebdomadaire de travail maximum de 48 heures par semaine, dans les faits on se situe en général plus aux alentours des 40 heures. La limite journalière est de 11 heures pour un cuisinier ou de 12 heures pour un veilleur de nuit, à titre illustratif.

POUR EN SAVOIR PLUS

Lisez le texte complet de la Convention collective nationale des hôtels, cafés restaurants (HCR) de 1997, mis à jour en 2022, sur Légifrance, https://www.legifrance.gouv.fr/conv_coll/id/KALICONT000005635534

Suivons par exemple Clémence Argondicco, un temps pâtissière pour les chics salons de thé Debotté (44), sur le chemin du laboratoire de production. Lever à 4 heures du matin pour une embauche à 5 h 30, préparation des éclairs et autres mille-feuilles jusqu'à 12 h 30. Un rythme qu'il faut tenir, du mardi au samedi et un dimanche sur trois. « Quand j'ai commencé dans le métier, je ne me suis pas du tout dit : "il va falloir que je me lève tôt" ou "je vais devoir travailler le dimanche". Ma passion, c'était simplement les gâteaux... »

Les coupures – temps de pause entre deux services –, les jours de repos, les vacances, les horaires, l'astreinte, la distance – vous pouvez travailler à l'autre bout de la France ou du monde, ne l'oubliez pas – sont des critères essentiels au moment de candidater à un poste, à mettre au même niveau voire au-dessus du salaire. « Ce qu'on vous apprend dans une école c'est à gérer un client, un collaborateur, un service, un établissement... Mais bien entendu, ce qu'on espère, c'est que vous pourrez gérer votre vie privée ! », euphémise Christophe Penot, responsable commercial et marketing à l'EHG (Suisse).

Pyramide des salaires

Sur la grille française des rémunérations de salariés des HCR, on compte pas moins de 560 cases ! En abscisse, on retrouve les quatorze échelons de progression de l'employé au cadre en passant par la maîtrise. En ordonnée, l'une des 40 fonctions occupées au sein de la hiérarchie de l'établissement, du commis de salle/cuisine au premier maître d'hôtel/chef. Selon les relevés effectués par la profession, les salaires varient de un à trois fois le SMIC, sans compter des avantages supplémentaires divers et variés selon les responsabilités (lire aussi la partie 1, page 13).

Bien sûr, avec un bachelor sur le CV, vous débuterez à un étage intermédiaire, jamais au pied de la pyramide, comme simple commis. Comptez à peu près 2 500 € brut par mois dans l'Hexagone (30 000 € par an, hors primes). À l'étranger, les salaires sont plus élevés, de l'ordre de 2 700 € brut mensuels (32 500 € annuellement). Précisons que ce ne sont que des moyennes, établies à partir des retours des anciens élèves, douze mois après la fin de leurs études.

Le spectre des rémunérations est bien plus large, mais la progression des rémunérations rapide – 5 % en moyenne avec un an d'ancienneté, 20 % au bout de trois années. « Tout dépend de l'endroit où l'on est et de la capacité financière de l'établissement. Mais il y a de très bons salaires », relève Éric Duszynski, de l'École hôtelière de Paris. De quoi faire tourner la tête des ambitieux. L'ex jeune maître d'hôtel londonien Charles-Henri Moëc refuse cependant de se laisser griser. « J'ai une compagne dans le même secteur que moi et on est tous deux carriéristes. On profite des bons moments ensemble tout en essayant de relativiser ce qui nous arrive. »

Aller voir ailleurs

Dans les faits, les écoles privées s'éloignent-elles du cœur de leur métier ? C'est la question légitime que l'on peut se poser quand on détaille le devenir professionnel de leurs diplômés. « Il y a tellement de possibilités, de spécialités, qu'on peut finir par travailler sur quelque chose de totalement différent, plus ou moins en rapport avec les hôtels et restaurants. Par exemple, un élève qui sort de [mon] école crée maintenant des parfums d'ambiance », illustre la Champenoise Justine Thomas, 20 ans.

Cinq ans après leur formation, seulement quatre *graduates* sur dix restent purement dans l'hôtellerie-restauration et six exercent ailleurs, en Suisse. Cette tendance, nous la retrouvons à l'intérieur de nos frontières, mais pas jusqu'à être majoritaire (la tradition plus technique des bachelors tricolores sans doute). « Bien sûr que ça m'embête. Mais c'est la capacité de service qui est recherchée », commente Christophe Penot dont l'école genevoise a d'abord vocation à répondre aux besoins du secteur hôtelier.

Éléonore Vial, passée aux directions de Vatel et Bocuse, temporise : « Il y a quinze ans, on recrutait systématiquement en école de commerce un assistant ressources humaines. Désormais, on se tourne vers les écoles hôtelières. Ce sont des gens qui ont un bagage différent, très exigeant. Je pense que cette ouverture est une bonne chose. » Finalement, le bénéfice premier de cet élargissement du champ des possibles revient aux diplômés eux-mêmes, qui peuvent explorer le champ des possibles de l'*hospitality management* et au-delà.

CHAPITRE 8

PROLONGER AVEC UN MASTER, UN MBA, VOIRE UN DOCTORAT

Pas d'ambiguïté, le bachelor (bac+3, niveau II) s'impose comme la référence incontournable sur le marché du travail. Il est un bon compromis entre des études très concrètes et les standards des grandes universités/écoles de par le monde, tous secteurs confondus. Dans ce paysage, un master (bac+5, niveau I) s'affirme en diplôme de niche.

Le bachelor, la référence d'études courtes

Au-delà du prestige de façade, les études supérieures dans l'hébergement-restauration demeurent courtes. Après tout, un bachelor ce n'est qu'une année de plus par rapport à un BTS (bac+2, niveau III) dispensé au lycée des métiers. On peut aisément établir une continuité de l'apprentissage pratique du CFA à l'école hôtelière, avec une progression vers l'excellence (lire aussi la partie 2).

Dans d'autres métiers des services, quand l'étudiant démarre une formation en France ou en Europe, il vise directement un master, le bachelor se transformant en simple étape. Dans le champ hôtelier, la finalité de formation pour de nombreux employeurs demeure indiscutablement le bachelor. « Si l'on est strict sur la définition du master, c'est finalement minime pour le secteur », appuie Florent Rondez, qui dirige Swiss Education Group depuis presque deux décennies. Une frontière nette qui tend à être amenée à se flouter.

Master, MBA, MSC de niche

En effet, on constate que, ces derniers temps, les grandes chaînes hôtelières, comme Accor, Hilton ou Marriott, utilisent des analystes financiers pour monter des plans d'investissement en Chine ou ailleurs dans le monde. D'importants projets de développement qui seraient bonifiés par le bagage concret d'étudiants en hôtellerie. Face au manque, elles recrutent pour l'instant des diplômés qui sortent des meilleures écoles de commerce, de Londres à Singapour.

« C'est pour revenir sur ce marché qu'on a ouvert ce master, pour 60 personnes. Ce n'est pas un master pour 400 ou 500 étudiants, mais un master de niche, pour des compétences extrêmement précises », commente Michel Rochat, qui dirige l'EHL de Lausanne depuis plus de dix ans et va bientôt passer la main. Clairement, les diplômes de second cycle, proposés dans deux tiers de la trentaine d'écoles hôtelières souvent par mimétisme, ont une tonalité très *business*. La majorité d'entre eux a d'ailleurs la dénomination MBA (*master of business administration*), secondairement de MSC (master of science).

Comme un symbole, celui proposé par Blue Mountains (Australie) s'appelle *global business management*. L'IHTTI School of Hotel Management de Neuchâtel a baptisé le sien, très réputé, *international business in hotel and design Management*. L'HIM a quant à lui mis au point un master du commerce international avec une spécialisation finance.

« En pratique, on a un partenariat avec la banque Rotschild, dont le [vice-président] intervient auprès des étudiants. C'est une autre approche de l'industrie », s'enorgueillit Florent Rondez, du Swiss Education Group. On sort clairement des cuisines et des halls d'entrée d'hôtel pour investir les écrans d'ordinateur, voire les salles de marché. À noter qu'en Suisse, seul le master de Lausanne s'intègre au système académique européen de Bologne, le fameux LMD (licence-master-doctorat). Les autres sont souvent autobaptisés « professionnalisant », c'est-à-dire reconnus par la profession mais pas par le système éducatif en tant que tel.

Projet professionnel indispensable

Prolonger ses études avec un diplôme au-delà du bachelor doit donc répondre à un véritable projet professionnel. Un choix à mûrement réfléchir, pour Bérengère Bulgheresi-Descuilhes qui s'est arrêtée trois années après son bac. « L'idée de travailler directement, de monter mon affaire m'a plus plu, car je ne voulais pas élargir mes études. Et je ne regrette pas du tout quand je vois d'autres camarades qui ont poussé plus loin jusqu'au master pour finir par travailler comme cuisinier ou serveur chez Flunch. »

La sélectivité à l'entrée en master garantit une réussite très élevée (proche des 100 % de diplômés), mais pas l'adhésion systématique aux enseignements. « C'est un investissement dans de superbes carrières futures à condition de vouloir faire de la direction financière ! » prévient Fabien Fresnel, dix ans d'expérience dans l'enseignement, en égrenant dans la foulée les noms de P-DG de multinationales issus d'écoles hôtelières. Le master, qui apparaît couramment comme une spécialisation, est ici une ouverture « généraliste » sur le management avec d'excellents taux d'insertion relevés : peu ou pas de chômage un an après la sortie, plus de neuf CDI sur dix contrats signés. À moins que l'on opte pour la recherche.

Le doctorat pour la recherche

« Isolement social, cuisine et alimentation » ; « Les rejets alimentaires des enfants de 3-6 ans » ; « Accords bières et mets » : sur un mur de l'Institut Paul Bocuse, les titres des thèses en cours d'écriture étonnent. Un pan oublié des études en hôtellerie. À Lyon, la recherche se fait main dans la main avec des universités ou écoles d'ingénieurs auxquelles les doctorants sont rattachés. Ils sont actuellement neuf le nez rivé sur leurs travaux, dont certains ont suivi le cursus maison.

Néanmoins, ce sont les facultés anglophones qui sont en pointe dans ce domaine : l'université de Cornell (États-Unis) ou l'université polytechnique de Hong Kong (Chine). Au Canada, l'institut de tourisme et d'hôtellerie du Québec a même son propre Centre de recherche en gastronomie. On quitte ici définitivement le geste pratique pour se concentrer sur l'observation théorique – souvent financée par les mastodontes de l'agro-alimentaire, du tourisme et de l'hôtellerie. Un prolongement d'études très spécifique, offert par une poignée d'établissements et suivi par quelques dizaines d'étudiants tout au plus.

PARTIE 4

LES VOIES ALTERNATIVES

Choisir sa formation hôtelière, c'est d'abord décider à quel moment la débuter : à la fin du collège, au lycée ou après le baccalauréat ? C'est ensuite savoir quand arrêter en fonction du métier ou de l'échelon que l'on a dans le viseur : CAP, bac professionnel, bachelor ou master ? Du niveau I au niveau V des certifications, on pourrait tracer une ligne imaginaire continue, en dépit de lieux d'enseignements disparates. Restent les sinueux chemins de traverse : l'université, grande oubliée de l'hôtellerie-restauration, plutôt associée au management touristique ; les concours en tous genres, plus prestigieux les uns que les autres, originalité du secteur ; ou encore les reconversions professionnelles, qui ont le vent en poupe chez les jeunes comme chez les adultes.

CHAPITRES

CHAPITRE 1
L'UNIVERSITÉ POUR LA GESTION TOURISTIQUE : DES CURSUS MÉCONNUS

Qui sait que l'on peut apprendre l'hôtellerie en faculté ? Pas grand monde, semble-t-il. « Je n'y ai jamais pensé », reconnaît benoîtement Kelly Togbetse, qui après son BTS a rêvé d'école privée pour finalement être embauché directement comme réceptionniste chez Accor. Pourtant, des formations existent bel et bien. D'abord la disparate licence professionnelle hôtellerie-tourisme (niveau II, bac+3), destinée à une insertion rapide, proposée par 43 universités et 4 IUT en France. Ensuite, un éventail de masters professionnels (niveau I, bac+5) plutôt pointus en management, répartis dans 24 universités. Des cursus qui nécessitent l'élaboration d'un projet professionnel bien précis, au risque de prendre la trajectoire d'un coup d'épée dans l'eau.

Licence pro *versus* licence générale

D'une licence à l'autre, le but recherché n'est pas du tout le même. L'objectif de la licence professionnelle est un accès direct au monde du travail, dans un secteur d'activités précis, en l'occurrence l'hôtellerie et le tourisme. Elle se déroule en deux semestres après un diplôme de niveau bac+2. Il n'est pas nécessaire de passer par deux années en faculté au préalable, on peut emprunter le nouveau BTS hôtellerie-restauration, option A, B, C. Ce qui explique pourquoi 21 lycées privés ou publics délivrent aussi cette licence pro (lire aussi la partie 2).

La licence générale (en éco-gestion par exemple) offre à l'inverse la perspective d'une poursuite d'études en master. Elle se déroule sur six semestres après le baccalauréat. Ce qui peut conduire à des déceptions.

« J'ai fait quelques mois à l'université en sciences économiques. Je n'aimais pas le côté très académique, être dans un grand amphi, ne pas avoir d'expérience professionnelle », témoigne Angelica Fraser, 23 ans.

Parallèlement, la jeune femme a enchaîné les petits jobs : hôtesse d'accueil au salon de l'automobile, serveuse dans des bars de quartier et même aide-gérante dans un restaurant en Angleterre. « Ça m'a bien plus intéressée de faire ça, dans l'optique d'intégrer une école hôtelière, que de m'ennuyer dans le milieu universitaire ». Pesez bien le pour et le contre au moment de formuler vos vœux sur Parcoursup.

Pas de programme commun

Autre mise en garde, il n'existe pas de programme national commun pour la licence professionnelle hôtellerie et tourisme. Chaque université propose ses modules d'enseignement. D'où des intitulés différents qui revêtent parfois le même type de formation, ou, à l'inverse, un intitulé similaire pour un programme dissemblable. Renseignez-vous très précisément sur le contenu de telle licence proposée par tel établissement, en fonction du métier qui vous intéresse. Voici, au hasard, quelques exemples d'intitulés :

– Licence pro hôtellerie et tourisme – management des produits de restauration.

– Licence pro hôtellerie et tourisme – filière Hôtellerie.

– Licence pro hôtellerie et tourisme – commercialisation et gestion des structures et hébergements touristiques.

– Licence pro hôtellerie et tourisme – oenotourisme.

« Ça reste un vrai panel de formations qui s'ouvre aux étudiants avec notamment des possibilités de carrière à l'étranger en gestion », défend Marc Fourcadet, codirecteur du lycée polyvalent Nicolas-Appert (44). L'objectif partagé est en effet de former des responsables opérationnels de sites ou d'établissements touristiques grand public.

Le diplômé pourra, suivant les cas, travailler comme directeur adjoint d'agence de voyages, chargé de projet dans un office du tourisme, gérant de restauration collective, responsable d'équipe dans un parc d'attraction, assistant de direction dans un hôtel, manager sur un paquebot de croisière… Des postes variés, parfois aux marges de l'hôtellerie-restauration, mais toujours avec une trame managériale. « J'ai pu appréhender l'organisation et le fonctionnement d'une entreprise colossale [Walt Disney], et tout ça en total rapport avec mon domaine d'études », abonde Solène Hoang-Trong, qui a obtenu sa licence à l'université Paris-Est Marne-la-Vallée (77).

Mi-cours, mi-stages

Les stages se taillent en effet la part du lion. Détaillons, à titre d'information, la licence pro spécialité langues étrangères appliquées, hôtellerie--restauration internationale (L3) de La Roche-sur-Yon (85). Le premier semestre, sur 11 semaines, comprend la moitié d'enseignements professionnels : gestion hôtelière, animation, commercialisation en hébergement, organisation de la production culinaire, etc. Un quart des cours sont consacrés aux matières d'applications : nouvelles technologies appliquées, communication et RH, droit du travail ; plus le quart restant avec l'enseignement des langues. Cette dimension internationale et numérique est désormais commune à toutes les licences. Le second semestre consiste en un approfondissement de ces trois blocs, sur 10 semaines.

Vient ensuite la période de stage obligatoire à l'étranger, qui court sur 12 à 24 semaines (3 à 6 mois), soit potentiellement la moitié de l'année universitaire. Une place n'est pas aussi facile à trouver qu'en lycée hôtelier ou école hôtelière… Veillez à vous y prendre bien à l'avance, avant même le début des cours.

Solène Hoang-Trong a donc eu la chance de partir une demi-année au parc Disney World de Floride (États-Unis). « Je travaillais à peu près 36 heures par semaine sauf en période de fêtes où j'ai parfois travaillé jusqu'à 60 heures. Les amplitudes d'horaires étaient très variables, il faut savoir s'adapter aux contraintes de vie du parc, gigantesque… une véritable ville fondée sur le tourisme avec un domaine qui s'étend sur plus de 111 km², soit plus que la ville de Paris ! »

Le problème de la non-équivalence

À l'université, vous êtes dans le triptyque licence-master-doctorat (LMD), du bac+3 au bac+8, mis en place en France au début des années 2000 pour se calquer sur les standards européens d'enseignement. Le système des crédits européens ECTS (*European Credits Transfer System*) que l'on obtient à chaque examen (180 en tout pour une licence par exemple), permet de partir étudier partout dans l'Union européenne avec le programme Erasmus. La difficulté est qu'il n'existe pas de passerelles de l'université vers l'école hôtelière privée, par un mécanisme similaire. « On récupère des étudiants d'autres secteurs, qui se sont trompés d'orientation, et qui finalement ont découvert tardivement que leur vocation, c'était l'accueil ou la restauration. Aujourd'hui, 80 % de nos étudiants viennent d'une filière classique, du bac général au bac professionnel. Entre 10 et 15 % se sont trompés de voie : droit, sciences, médecine, ingénierie, etc. Puis enfin, pour 5 %, ce sont des reconversions professionnelles au sens propre », liste Dominique Giraudier, directeur général de l'Institut Paul Bocuse. Pour ceux qui bifurquent, pas le choix, il faut repartir de zéro, soit la première année de bachelor. Les écoles avancent qu'une certaine homogénéité sur le plan des savoirs techniques de base est indispensable. D'où des classes de mise à niveau répandues aux premiers mois des formations.

Quelques chanceux

Les indicateurs d'insertion sont bons : de l'ordre de huit à neuf diplômés sur dix obtiennent un emploi à vingt-quatre mois. Malgré ces opportunités, les étudiants qui candidatent à ces cursus restent peu nombreux. Marc Fourcadet a une explication toute trouvée : « Le problème des licences professionnelles et des masters à l'université est qu'ils sont très récents, une quinzaine d'années tout au plus. Chez les élèves comme chez les professionnels, ces diplômes sont relativement méconnus. » Sans compter la concurrence des renommés lycées hôteliers ou écoles privées. Les effectifs sont donc réduits dans les facs, 50 élèves à Nantes Université à titre d'exemple, à des années-lumière des immenses amphithéâtres de droit, de STAPS (Sciences et techniques des activités physiques et sportives) ou de lettres.

À noter que le recrutement se fait dans 43 établissements sur dossier puis entretien, à la fin de l'année universitaire précédente. Hors bourses, les droits universitaires sont de 170 € pour une licence et de 243 € pour un master 1 ou 2. Sans oublier les 95 € de CVEC. Sommes modiques au regard de ce qui se pratique en école hôtelière privée.

Un éventail de masters

Exactement comme pour la licence professionnelle hôtellerie-tourisme, le programme de master est propre à chacune des 24 universités qui le dispensent, sans socle commun national. Soyez là encore méticuleux dans vos choix. Les masters professionnels en hôtellerie-restauration visent à l'acquisition des méthodes de management international tout en se spécialisant dans un domaine précis : marketing, commerce, gestion, finance, *food and beverage* (boissons), etc.

Des postes à responsabilité s'ouvrent à la sortie dans l'encadrement supérieur des établissements touristiques. Typiquement, vous pouvez aspirer à des postes de directeur d'un office du tourisme ou d'un complexe hôtelier, responsable qualité d'un groupe de restauration, etc. On quitte ici totalement le champ de l'exécution, du savoir-faire technique, pour rejoindre celui de la supervision. « *Front of house* ou *back of the house* [sur scène ou en coulisses], les aptitudes demandées ne sont pas du tout les mêmes. Le secteur s'est incroyablement complexifié et financiarisé, donnant naissance à beaucoup de nouveaux métiers », met en perspective Fabien Fresnel, doyen de l'EHL (Lausanne) passé par la Sorbonne.

Alternance ou stage long

Le contenu des programmes est sans équivoque : on est bien plus proche d'un MBA en école de commerce que d'un BTS en lycée hôtelier. À l'université de Cergy-Pontoise, le M2 services en restauration et hôtellerie internationale comprend sept modules à importance équivalente : du marketing en hôtellerie et restauration au pilotage de la performance en passant par le management international. Il s'agit d'un approfondissement des notions de base en finances, gestion, marketing, ressources humaines balayées en M1.

Pour pallier un déficit de pratique professionnelle inhérent à l'université, beaucoup imposent l'alternance en nouant des partenariats avec des entreprises de l'hôtellerie-tourisme. À Cergy-Pontoise, les contrats de professionnalisation sont signés avec les chaînes AccorHotels, Campanile, Kyriades ou Le Méridien. Autrement, le stage devient obligatoire à la fin de chaque année de master, sur une durée de trois à cinq mois en première année et de trois à six mois en seconde année. « Le stage long, c'est une vraie opportunité à saisir pour appréhender les besoins du marché du travail et pour se préparer à son premier emploi », commente sobrement Stefan Landry, diplômé de l'université de La Rochelle en 2013 et un temps stagiaire chez Hilton. Le souci est qu'il peut s'agir de la toute première expérience dans l'hôtellerie.

Moins de bagage qu'en école

Les masters sont accessibles la plupart du temps après un cursus en économie-gestion, plus rarement après une licence de géographie et aménagement ou LEA (langues étrangères appliquées). Quant à la licence professionnelle hôtellerie-tourisme, elle est taillée pour un emploi et non pour une poursuite d'études, comme indiqué précédemment.

Théoriquement, il est donc possible d'intégrer ce diplôme – sur dossier, puis entretien – sans jamais avoir mis les pieds dans une cuisine ou une chambre d'hôtel.

Un vrai handicap en comparaison des écoles privées où, dès la première année postbac, on accumule les heures de vol en laboratoire, en restaurant d'application ou sur les lieux de stage. Sans même parler des lycées où le savoir-faire technique s'assimile dès la seconde. Le corps professoral universitaire est aussi plus éloigné du métier, même si la situation s'améliore, à l'instar de La Rochelle qui compte 50 % de professionnels. Si vous êtes un novice, vous devez impérativement profiter de la période estivale pour mettre un pied dans le secteur de l'hôtellerie ou de la restauration. C'est un bon moyen de se familiariser avec cet environnement nouveau… et de trouver une entreprise pour son contrat en alternance.

Bon taux d'insertion

« L'éducation est quasiment gratuite, mais regardez la qualité des infrastructures et des débouchés que vous avez dans le public. Le rapport coût/bénéfice n'est pas du tout le même, ni même le nombre d'étudiants concernés. » Le jugement de Fabien Fresnel (EHL) est sévère, mais comprend un fond de vérité. Sur les bancs de la faculté, on compte quelques dizaines d'étudiants, 20 par exemple à l'université de Nice-Sophia-Antipolis (06) en M2 hôtellerie internationale.

Un public restreint pour un bon taux d'insertion : entre 80 et 90 % d'emploi, deux ans après l'obtention du précieux sésame. Rien d'analogue cependant avec les « scores » stratosphériques des écoles hôtelières et la diversité des figures qui en sont issues : du chef étoilé au responsable de nuit d'un hôtel de luxe en passant par un concierge 2.0. Bien que méconnu, le chemin universitaire demeure une alternative intéressante pour réussir sa formation hôtelière avec une inclinaison tourisme. À condition de bien ficeler son projet professionnel, au risque de s'y ennuyer fermement.

CHAPITRE 2

LES CONCOURS, DU MOF À LA CUILLÈRE D'OR

En quête d'un supplément d'adrénaline, certains étudiants se tournent vers les concours. Une tradition plus que centenaire dans l'hôtellerie-restauration, les balbutiements datant du début du xxe siècle. Il en existe aujourd'hui des centaines, voire des milliers, à passer en parallèle des études, sans parler des médiatiques *Top Chef* ou *MasterChef*. Difficile d'être exhaustif, nous n'évoquerons donc ici longuement que les concours ayant une véritable reconnaissance, voire une certification professionnelle. Au-delà de la compétition avec d'autres élèves, c'est un bon moyen de découvrir de nouveaux univers tout en ajoutant une ligne prestigieuse à son CV. Un passage qui n'a toutefois rien d'obligé.

De la télé à la réalité

Toutes les émissions de télévision du monde n'y changeront rien. Les concours de l'hébergement-restauration ont un je-ne-sais-quoi d'immuable, certains étant aussi anciens que les écoles hôtelières elles-mêmes. À titre d'exemple, celui de MOF fut créé en 1924, année de l'ouverture du CGM [concours général des métiers] à tous. D'autres sont plus récents, comme la Cuillère d'or [2010]. Mais les grands principes directeurs demeurent semblables. Le niveau d'exigence est au plus haut quant à la qualité d'exécution et de réalisation. Les prix à remporter sont eux modestes au regard de l'aura qu'ils confèrent.

« Les étudiants pensent que ça va se passer comme dans les émissions de télé, qui sont très porteuses aujourd'hui. Mais très rapidement, ils peuvent se rendre compte de la non-relation entre ce qu'ils ont vu et ce qu'ils vivent », prévient d'entrée Christophe Penot, responsable commercial et marketing à l'EHG (Genève). Tout le monde n'est donc pas préparé ou destiné aux concours. En connaître les modalités de fonctionnement est cependant toujours utile.

Les trois concours historiques

Le plus fameux est sans doute le MOF, dont les lauréats arborent le légendaire col bleu-blanc-rouge avec une certification de niveau III (bac+2) à la clef – ce qui ne remplace en rien une formation initiale. Si la restauration et l'hôtellerie forment le premier groupe, plus de 200 métiers sont concernés en tout. Ce concours titanesque a lieu tous les quatre ans (la vingt-septième et dernière édition date de 2022, après deux reports) et, selon l'adage, cette « épreuve d'une vie » nécessite des mois, voire des années de préparation. D'un point de vue factuel, il s'agit d'un examen, le titre étant décerné pour l'excellence du travail fourni et non aux meilleurs candidats avec un *numerus clausus*. Sont admises à prendre part aux épreuves de l'examen toutes les personnes âgées de 23 ans au moins.

Le concours du MAF est en quelque sorte le petit frère du MOF. Il s'adresse aux jeunes gens âgés de moins de 21 ans, en formation initiale (CAP, BEP et bac pro), dans plus de 90 métiers, sans certification particulière. Quelque 6 000 candidats s'inscrivent chaque année pour une sélection d'abord départementale, puis régionale et enfin nationale. Dans une optique de transmission intergénérationnelle des savoirs, ils sont chapeautés par leurs aînés les MOF. Trois niveaux de distinction cohabitent : médaille d'or, d'argent et de bronze.

Véritable prix d'excellence des lycées professionnels privés comme publics, le CGM distingue pour sa part leurs meilleurs éléments dans 30 disciplines. Les deux matières qui nous intéressent sont commercialisation et services en restauration et cuisine. Jusqu'à 18 élèves par spécialité sont récompensés d'une année sur l'autre.

Petits nouveaux en pagaille

D'autres compétitions méritent d'être citées. Le Challenge culinaire du président de la République est ouvert à tous les professionnels de la restauration de nationalité française âgés au minimum de 23 ans avec des thèmes imposés à chaque édition pour un nombre de candidats très restreint. Plus collectif, le concours De l'école aux étoiles fait travailler élèves et enseignants en équipe. Tout comme le très relevé Bocuse d'or ou Concours mondial de la cuisine, qui honore les jeunes chefs et leurs brigades à l'international. Vingt-deux se sont affrontés lors de la dernière édition, en 2021, qui a vu l'équipe française du chef Davy Tissot l'emporter. Réservé aux femmes, amatrices ou professionnelles, la Cuillère d'or attire chaque année de plus en plus de candidates, bien au-delà d'une centaine pour 16 finalistes et 4 lauréates lors de sa 7e édition en 2022, 2 en pâtisserie et 2 en cuisine. Depuis 2018 existe même La Cuillérée d'Or, réservé aux jeunes filles de 8 à 14 ans.

On pourrait ainsi multiplier les exemples à l'infini, en les classant par catégories. Il y a les concours ultraspécialisés sur le dessert (Championnat de France du dessert) ou le service à table (coupe Georges-Baptiste). Ceux organisés par des grandes marques de champagne, de vin ou de l'agroalimentaire (trophée G. H. Mumm). D'autres sont limités à une région (trophée national Royal Picardy) ou à une tranche de la population (trophée Boiron frères – Jeunes talents). Sans compter qu'ils sont souvent organisés en lycée hôtelier ou école hôtelière, qui eux-mêmes ont parfois leurs challenges internes. Et nous ne pouvons omettre de citer les très fameux concours télévisés : *Top Chef*, *MasterChef*, *Le Meilleur Pâtissier*, *Le combat des régions*, etc. Pour s'y retrouver, rien ne remplace le conseil des enseignants dans le cadre d'un parcours scolaire limpide.

POUR EN SAVOIR PLUS

Lire la série de six articles du journal *Le Monde* sur « Grands chefs et petit écran ». https://www.lemonde.fr/grands-chefs-et-petit-ecran/

L'addiction au challenge

Charles-Henri Moëc, 29 ans, a toujours eu l'esprit de compétition, d'abord exprimé sur les tatamis de judo. Pourtant, au moment de débuter en alternance son bac pro commercialisation et services en restauration dans un lycée du Morbihan, il ne sait même pas ce qu'est un concours. « À la fin de la première, ma formatrice me propose de passer celui de MAF en arts de la table et du service. Rapidement, je me prends au jeu. »

Le Breton débute par les sélections départementales puis régionales en 2010, à gérer en parallèle du passage de son BEP. L'année suivante, rendez-vous à Bordeaux pour le concours national du MAF alors que le bac pro se profile à l'horizon. Naît alors une vraie d'addiction puisqu'il s'attaquera dans la foulée aux EuroSkills et WorldSkills. « L'important pour moi, c'était de me lancer de nouveaux challenges [défis], d'être confronté à d'autres apprenants, de rencontrer le monde professionnel. Au bout du compte, j'ai eu plus de pression et de stress pour les concours que pour les examens. »

Des titres qui comptent au moment d'entrer dans le monde du travail – Charles-Henri exerce à ce jour comme directeur adjoint de la restauration à l'hôtel 5 étoiles Le Meurice, à Paris. Une manière aussi de pimenter son parcours d'études, à condition de ne pas perdre le fil.

Un risque pour les études ?

De l'avis général des directeurs d'établissements, les élèves sont de plus en plus compétiteurs. En réponse, certains lycées hôteliers se targuent d'être des « machines à concours ». Étiquette que refuse fermement Marc Fourcadet, du lycée polyvalent Nicolas-Appert, dans la banlieue de Nantes. « Leur préparation se fait sur des heures supplémentaires, dans le cadre d'un rythme établi entre l'élève et un professeur. Cela ne doit pas empiéter sur la préparation de leur bac ou de leur BTS. »

Car l'effet peut s'avérer néfaste sur les éléments les plus fragiles, au niveau scolaire et/ou psychologique. « Je déconseille à certains élèves de les préparer, même si c'est rare, car ils ont trop de difficultés scolaires pour se lancer là-dedans. En plus, tout le monde ne peut pas supporter cette pression, cette concurrence. » Rien d'obligatoire en effet, quantité d'excellents professionnels ne sont jamais passés par la case concours.

CHAPITRE 3
RECONVERSION POUR ADULTES

En théorie, une formation hôtelière démarre tôt, à 16 ou 18 ans, pour une insertion professionnelle rapide, entre sa majorité et ses 25 ans. La jeunesse de certains apprenants croisés dans les établissements est d'ailleurs frappante. En pratique, les parcours de vie sont beaucoup plus divers. On peut avoir entamé une autre formation initiale ou même avoir exercé un autre métier pour bifurquer vers les cuisines et les salles de restauration. Il n'est désormais pas rare d'y croiser des adultes très appliqués. Petit tour d'horizon.

Repartir de la base

10 heures du matin dans cette cuisine flambant neuve d'une école hôtelière lyonnaise. Sur les tables, de la pâte à ravioli tricolore, un peu de rires et beaucoup de concentration. Pourtant, ce ne sont pas des petits chefs qui s'affairent sur les plans de travail, mais 17 adultes dont la plupart sont parents depuis bien longtemps. « Le plus important, c'est que l'individu ait la volonté de faire », lance dans un coin Jean Philippon, le chef de cuisine-formateur à l'Institut Paul Bocuse.

POUR EN SAVOIR PLUS

Lisez « Reconversion dans l'hôtellerie-restauration : les clés de la réussite » dans le *Journal de l'hôtellerie-restauration*, www.lhotellerie-restauration.fr/journal/emploi/2011-12/Reconversion-dans-l-hotellerie-restauration-les-cles-de-la-reussite.htm

Sur la forme, l'apprentissage reste le même avec une petite variation dans l'approche. « Ce n'est qu'une question de discours. La manière de parler change, pas le message. Les adultes en reconversion professionnelle ont souvent une approche plus intellectuelle que sensitive donc il faut repartir de la base, du produit. On reste toujours dans la réalité pratique du métier, pas dans la théorie. Comme pour les plus jeunes, on est dans un travail de brigade, un travail d'équipe, ce qui n'est pas évident pour tout le monde », poursuit-il. D'autant plus qu'une formation en reconversion professionnelle est beaucoup plus intensive car très ramassée dans le temps.

Une seconde chance avec Cuisine mode d'emploi(s)

Jeunes sortis du système scolaire sans qualification, ou plus tout à fait jeunes, demandeurs d'emploi de longue durée ou en reconversion professionnelle, bénéficiaires du RSA (revenu de solidarité active), mais aussi individus sous main de justice et ne pouvant suivre un cursus classique... Ouverte il y a douze ans sous l'impulsion du chef Thierry Marx, l'école Cuisine mode d'emploi(s) s'adresse aux « accidentés de la vie » en partant du postulat « il n'y a pas de quartier, de personne faits pour l'échec. Quand on apporte quelque chose de positif, ça fonctionne ! ». Une formation opérationnelle et totalement gratuite condensée sur douze semaines (dont quatre de stage en entreprise) vers les métiers de la cuisine, de la boulangerie ou du service en restauration. Cette école de la seconde chance, qui détonne dans le paysage académique, revendique un taux d'insertion de 90 %. Deux sessions d'apprentissage pour une dizaine de stagiaires sont organisées chaque année sur les sites de Paris, Toulouse, Nice, Dijon, Besançon, Champigny-sur-Marne, Clichy-sous Bois, Grigny, Marcq-en-Baroeul et une vingtaine de communes en itinérance. Une école de la seconde chance, unique en son genre.

D'une semaine à trois mois intenses

Quelques écoles hôtelières et des dizaines de lycées hôteliers offrent désormais des parcours de reconversion professionnelle en France. On ne parle pas ici de cours loisirs pour adultes, mais d'un véritable enseignement pour amener à un nouveau métier, dans le cadre d'un CPF (compte personnel de formation), d'un plan de formation, d'un financement à titre individuel ou bien encore d'une reconnaissance de savoir-faire avec une CQP (certification de qualification professionnelle).

L'institut Bocuse propose trois formations distinctes lors de sept sessions par an. À titre illustratif, Cuisine et horizon, pour apprendre les techniques culinaires de base sur sept semaines. Cuisine et perfectionnement, soit une semaine pour intégrer les techniques culinaires avancées. Et enfin Créer et diriger son restaurant, cinq à douze semaines d'enseignement managérial. Prévoyez un budget conséquent. De 9 000 à 13 000 € pour une formation initiale, sous réserve d'acceptation de votre dossier, notamment s'il comprend une demande de prise en charge du financement avec un plan de formation.

L'école Ferrières a également investi cette niche, mais plus modestement, avec une Summer School ouverte aux adultes. Jusqu'à six semaines de formation intense où 20 sujets sont couverts pour un coût total de 9 000 €. À noter que vous êtes toujours considéré comme participant à une formation professionnelle – qui représentent généralement moins de 5 % des effectifs des écoles – et vous ne bénéficiez par conséquent pas du statut étudiant.

À partir du CAP

Bernard Ricolleau, ancien maître d'hôtel à Matignon, aujourd'hui enseignant, y va de son analyse. « On est dans une démarche professionnelle et non dans un fonctionnement scolaire. Il est important que les adultes puissent voir le dynamisme, la logique et la précision d'un restaurant gastronomique. Savoir anticiper, savoir organiser, choisir une thématique… Ils ne deviennent pas des robots non plus ! Le but est que chacun puisse garder et développer son naturel à partir de son parcours de vie. » Ce qui demande un investissement total autour d'un projet viable et cohérent.

L'école Ducasse, spécialiste de la formation continue

Créé en 1999, l'ex Centre de formation Alain Ducasse a pour but de former des futurs professionnels en quête de perfectionnement à Argenteuil (95). Plus de 2 000 stagiaires y sont encadrés chaque année par des spécialistes issus des brigades du célèbre cuisinier français, plus des chefs invités. « [Pour progresser] il faut une remise en question permanente, une sélection rigoureuse des produits qui mettent le goût et la qualité à l'honneur, une anticipation des nouvelles tendances, une ouverture sur le monde et le désir d'accueillir des associations culinaires inédites », écrit-il. Trois axes de formation sont proposés : les arts culinaires, l'expertise restaurant ainsi que la gestion économique d'un établissement. Le catalogue des apprentissages est tout simplement immense, de un à huit mois avec des classes toujours réduites – 10 personnes maximum. Sans compter les formats sur mesure... Jusqu'à 23 000 € pour le complet diplôme supérieur de cuisine, hors prise en charge pour un dispositif de formation continue. Depuis cinq ans, la désormais école Ducasse s'est même lancée dans les bachelors : arts culinaires et pâtisserie.

POUR EN SAVOIR PLUS

Consultez le site de la CPNE (Commission paritaire nationale de l'emploi) de l'industrie hôtelière, www.fafih.com/certification/

Du côté de l'école Ferrandi existe une préparation individuelle au CAP (bac+2, niveau V) en cuisine, boulangerie ou pâtisserie, avec 100 % de réussite finale. L'école Ducasse propose aussi sur 8 mois des CAP glacier, pâtissier ou chocolatier-confiseur. Une entreprise peut aussi faire reconnaître les compétences de ses salariés avec la CQP (certification créée et délivrée par une commission appelée CPNE) : assistant exploitation, chef gérant ou commis de cuisine, etc. Des mécanismes équivalents existent en Suisse, mais indiquons qu'il est difficile, voire impossible, de faire une reconversion professionnelle à l'étranger si on n'a pas le passeport du pays en question. À moins de tout prendre à sa charge. Après tout, la passion hôtelière n'a ni âge ni frontière.

Imprimé en France par CPI Firmin-Didot
en octobre 2022
N° d'impression : 171818
ISBN : 978-2-38015-613-3
Dépôt légal : novembre 2022